UN SENDERO DE PAZ

Mujeres en la Segunda Mitad de la Vida

Marina Oppenheimer, LMHC

UN SENDERO DE PAZ
Mujeres en la Segunda Mitad de la Vida

© 2015 Marina Oppenheimer, LMHC

Publicado en los Estados Unidos de América
Primera Edición Junio 2015
ISBN-13: 978-1514383056
ISBN-10: 1514383055

Para mi bien amado hijo Thomas,
Mi vínculo con lo Trascendente...

INDICE

Este libro refleja mi búsqueda.
Ojalá logre alentar la vuestra.

AGRADECIMIENTOS

Quisiera agradecer a los muchos autores que he leído en mi vida y cuyas filosofías y visión del mundo han modelado la mía. También quiero agradecer a mis pacientes por haber compartido conmigo sus momentos más íntimos

Todos los nombres citados en este libro han sido cambiados para proteger la confidencialidad.

PROLOGO

Recuerdo haber leído hace largo tiempo que cada uno de nosotros tiene un problema existencial que resolver, pero que nos cuesta mucho identificarlo. Mientras que los más afortunados entre nosotros logran darse cuenta de qué es dicho problema en el transcurso de esta vida, otros no tenemos ni la menor idea de dónde empezar a buscar. Cuando leí ese libro (ya ni me acuerdo del título) el concepto me pareció un poco simplista. ¿Sólo un problema de vida? La vida está llena de problemas pensé en ese momento. ¿Cómo puede ser que todas nuestras dificultades se resuman en una sola? En esa etapa de mi vida estaba tan preocupada con mis tareas cotidianas y familiares que muy pronto me olvidé totalmente del tema.

Los años pasaron y de pronto mi vida cambió de rumbo para ingresar en esa difícil etapa llamada *del nido vacío*. Mi hijo partió hacia la universidad, mi ahora ex-marido se mudó a una nueva casa, y yo quedé con la triste tarea de juntar los restos y empezar de nuevo. O por lo menos eso es lo que imaginé. Cuando empecé a leer todos los libros que encontré sobre cómo empezar una nueva vida después de un divorcio en la mediana edad a lo que todos apuntaban era que la vida tiene mucho que ofrecer y que una vez completado el duelo se puede empezar de nuevo. Sin embargo, yo no lograba comprender el significado de *empezar de nuevo*. Por donde se lo mire, el dolor de un divorcio después de largos años de matrimonio es tan profundo que tratar de borrarlo es simplemente una ilusión. Igual que los espejismos que le aparecen al viajero perdido en el desierto. Fue sólo muchos años después que me di cuenta de que mi dolor no había surgido en mi vida para ser borrado sino para ser recordado, para estar presente de tal manera que su significado se volviera evidente, un significado que probablemente tuviera que ver con el problema existencial que debo resolver. No como aquel hombre que había perdido las llaves de su casa y las buscaba lejos de la puerta, cerca del farol. Cuando un vecino que pasaba le preguntó si las había perdido debajo del poste de alumbrado, el hombre contestó que no pero que las buscaba allí porque había más luz. Este hombre había optado por el camino más fácil. Desafortunadamente comprender el significado de las experiencias de la vida dista de ser fácil. Esto me recuerda el famoso pero enigmático dicho *Conócete a Ti Mismo* del oráculo de Delfos. Conocernos no tiene que ver con reinventarnos o con comenzar de nuevo. Por el contrario, tiene que ver con seguir el mismo curso y aprender las enseñanzas que debemos aprender, especialmente aquellas experiencias que nos ocurren repetidamente. Si nos enfrentamos con el mismo problema en distintas circunstancias, eso significa que nos toca aprender una lección que nos permita evolucionar hacia un plano de conciencia más elevado. De otra manera, quedaremos estancados en el mismo lugar hasta aprender las lecciones que vinimos a aprender en esta vida. Por suerte tenemos nuestros sueños para ayudarnos en la ardua tarea de saber quiénes somos realmente. Es cierto, los sueños son oscuros. Pero si nos tomamos el trabajo de escribirlos apenas nos despertamos y los analizamos con cuidado, gradualmente su significado se vuelve aparente.

Creo que lo más importante es darse cuenta de que la vida no se limita a lo fenomenológico. *La Vida es Sueño* dice Calderón de la Barca al aludir al hecho de que los seres humanos no estamos realmente en contacto con nuestro verdadero Ser. Si nos conociéramos más profundamente, nuestra relación con nosotros mismos y con los demás sería más genuina y la comunicación verdadera tendría lugar.

En mi caso específico me llevó varios años ver la luz al final del túnel. Aún recuerdo lo que uno de los terapeutas que vi después de mi divorcio me dijo terminada la primera sesión: "*Desde la niñez pareces haber jugado el papel del que siempre quiere agradar. Es obvio que aún conservas esa actitud en la adultez. Mientras sigas queriendo agradar a todo el mundo atraerás a tu vida gente que necesita ser agradada*". Lo que me quiso decir el terapeuta era obvio: había elegido cuidar a los demás para asegurarme de su cariño, una conducta aprendida en los primeros años de mi vida. Hasta que un día ocurrió algo mágico. Tomé una decisión no consciente que cambió mi vida para siempre. Dejé de agradar a los demás y me coloqué primera. Ese fue el comienzo de mi camino hacia la individuación. Si quería cambiar tenía que empezar por cuidarme yo y dejar que los demás me quisieran por quien soy y no por lo que puedo hacer por ellos. Tarea no fácil por cierto.

Poco a poco estoy logrando mi propósito. Estoy aprendiendo a establecer límites saludables en mi relación con el mundo. De más está decir, debido a este cambio muchos de los lazos que yo creía inquebrantables se rompieron. Fue el paso necesario para poder empezar a ser quien soy. En otras palabras, estas *Pérdidas Necesarias* fueron las pruebas del héroe en su jornada hacia la plenitud. Así que agradecí a todas mis némesis y las dejé ir, no sin antes desearles lo mejor por haber sido mis maestros en esta jornada llamada Vida. Estas némesis fueron las señales del Universo para alertarme sobre aquellas cosas que necesito cambiar. Ahora que su misión se acabó, en mi mediana edad me embarco en un nuevo viaje de vida.

¡Deséenme suerte!

* *Pérdidas Necesarias*, de Judith Viorst

*TODA LA INFELICIDAD DEL HOMBRE
SURGE DE UNA SOLA COSA: QUE ES
INCAPAZ DE ESTAR TRANQUILO EN LA
SOLEDAD DE SU CUARTO.*

B. PASCAL

En uno de mis blogs sobre el síndrome del *nido vacío* subrayé la importancia de empezar nuevos proyectos a fin de aliviar la sensación de soledad que nos invade cuando nuestros hijos se van de casa. Y esto es exactamente lo que le sugerí a Claudia después de que su hijo menor se fuera a la universidad.

Claudia era una de esas mujeres muy inteligentes que bien hubiera podido ser una excelente profesional pero que prefirió en cambio dedicar la mayor parte de su tiempo a criar a sus tres hijos. La suya había sido una inversión de toda una vida a fin de asegurar el bienestar de su familia. A pesar de haberse graduado en informática y trabajado en una serie de empleos a medio tiempo mientras los niños estaban en la escuela, su carrera no había sido su prioridad.

Aquellos de ustedes que leyeron mis blogs probablemente ya puedan imaginar cómo termina esta historia, así que el hecho de que *el marido se fue de la casa cuando el último hijo se fue a la universidad* no debiera ser una sorpresa. Eso había ocurrido hacía cuatro años, pero a pesar de mis sugerencias Claudia todavía no había podido reorganizar su vida.

_Siento como si me hubieran despedido de una empresa para la que trabajé veinte años --me dijo durante una sesión--. Me siento ansiosa y con la necesidad de pasar de una actividad a la otra.

A Claudia le era imposible concentrarse y como resultado apenas lograba leer, registrarse para un curso, poner al día su curriculum, o buscar un trabajo. La única cosa que hacía era planear salidas con sus amigas cada día de la semana. De más está decir que no sólo estaba gastando gran cantidad de dinero, sino que su nivel de ansiedad sólo bajaba cuando estaba en compañía. Volver a casa era como volver a una cárcel. A pesar de que Claudia daba la impresión de estar en paz, ella sabía perfectamente que la vida no está hecha para ser vivida en la calle. Algo le decía que aún no había procesado la pérdida sufrida y que eso quería decir que tenía mucho por hacer. Le sugerí establecer un objetivo de tratamiento:

_Sabremos si la terapia funcionó si logras el siguiente objetivo: ser capaz de sentirte bien cuando estás sola en tu casa.

Claudia accedió a pesar de que en ese momento dicho objetivo le parecía inalcanzable.

_Por qué no empezamos analizando la frase de Pascal *toda la infelicidad del hombre surge de una sola cosa: su incapacidad de estar tranquilo en la soledad de su cuarto*, le dije una tarde lluviosa al comienzo de la sesión. Recuerdo haber pensado que el clima no podía ser más apropiado para el tópico de nuestra conversación.

_ ¿Qué quiere decir para ti que nuestra felicidad está relacionada con ser capaces de estar solos en nuestro cuarto? le pregunté sosegadamente.

_No lo sé porque yo soy incapaz de hacerlo. Cuando estoy sola en mi cuarto siento que la casa se me viene encima, dijo mi paciente nerviosamente.

No tuve duda de que mi pregunta había rozado un punto álgido. Claudia siguió hablando:
_Cuando vuelvo a casa las paredes parecen frías y mojadas como las de una casa abandonada.

_Quizás la tuya sea una casa abandonada --dije. --Después de todo nunca estás allí.

Pude adivinar que el nivel de ansiedad de mi paciente iba *in crescendo*, así que decidí tomar las riendas de la situación. Hay ciertos momentos en los que siento que la persona sentada frente a mí está al borde de un abismo y en los que necesito intervenir más directamente.

_Nuestro hogar es nuestro espejo —empecé explicando--. Cuando no podemos estar en nuestra casa lo que significa es que no podemos estar con nosotros mismos. En la soledad no hay manera de evitar o de escapar de lo que tiene que ser revisado.

_Pero yo no extraño a mi ex marido. Lo que extraño son mis hijos --dijo Claudia sollozando --. Mi soledad tiene que ver con que mis hijos ya no están conmigo --siguió diciendo--. No extraño mi matrimonio, créeme.

_Te entiendo perfectamente --le conteste–. Yo también soy madre y sé muy bien lo que significa entrar en la etapa del nido vacío.

Aguardé un momento para ver si Claudia quería seguir explayándose, pero se quedó en silencio. Parecía estar buscando desesperadamente una guía.

_Yo creo que existe una sola manera de encarar las crisis de la vida --seguí diciendo--. Lamentablemente, no es fácil...

Claudia permanecía en silencio, como esperando una fórmula mágica que le mostrara el camino a seguir.

_Confiar en que la Vida es sabia y que todo ocurre de la mejor manera posible, le dije mirándola fijamente.

Sin duda alguna mi intervención la sorprendió. Quizás Claudia estuviera esperando una devolución más relacionada con sus sentimientos de pérdida.

_Espera, déjame explicarte –exclamé--. No estoy minimizando tu dolor, pero recuerda que el dolor es el camino hacia la sabiduría. Nuestras heridas nos iluminan y nos ligan con el Universo porque nos permiten comprender qué significa realmente ser seres humanos.

_ ¿Quieres decir que hay que sufrir para ser más auténticos? preguntó Claudia.

_Sí. El sufrimiento nos obliga a hacernos preguntas y a buscar respuestas. Una persona en constante estado de felicidad sería una persona vacía de contenido --le dije--. Pero lo que es realmente importante es que nuestro sufrimiento en esta vida es el sufrimiento que hemos elegido sufrir para aprender lo que teníamos que aprender.

Ahora Claudia se sonrió.

_Entonces sólo me queda descubrir qué es lo que vine a aprender, fue su comentario.

_Sí. Ahora empieza el camino hacia la autorrealización -- le contesté despacio-- ¿Y qué mejor lugar para reflexionar sobre este tema que la soledad de tu cuarto?

SI NOS SENTIMOS SOLOS CUANDO ESTAMOS A SOLAS ES PORQUE ESTAMOS EN MALA COMPAŃIA

J.P. SARTRE

Empecé a pensar en el verdadero significado de la palabra soledad después de que varios de mis pacientes me vinieron a ver quejándose de sentirse muy solos. Es cierto: en algún momento de la vida todos sentimos el peso de la soledad. Pero lo que más me intrigó fue que muchos de estos pacientes, a pesar de tener una vida satisfactoria en todo sentido, se quejaban de no sentirse conectados con lo que los rodeaba. Algunos de ellos incluso describieron su soledad como una cierta "despersonalización". En otras palabras, como si estuvieran totalmente desconectados de todo y de todos.

Sabina era una mujer de 62 años, viuda, madre de dos hijos adultos que se habían ido del hogar hacía varios años. Uno de ellos estaba casado con hijos; el otro seguía soltero, pero viviendo en otro estado. Sabina tenía una buena relación con su hijo casado y con su nuera, así que los visitaba a menudo y pasaba muchas horas con sus nietos. También tenía un lindo grupo de amigas, algunas viudas o divorciadas, otras casadas, con las que se encontraba regularmente para ir a cenar o asistir a algún espectáculo. Su vida parecía fluir en paz si no fuera por una extraña sensación de aislamiento que la acosaba a veces sin razón aparente. En esos momentos, Sabina sentía la urgente necesidad de hablar con alguien de sus sentimientos, pero le costaba admitir que se sentía tan profundamente sola. A pesar de que cuando somos adolescentes nos es fácil compartir nuestros sentimientos más íntimos con nuestros amigos, a una cierta edad tendemos a proteger nuestra intimidad a capa y espada.

Sabina ya había visitado a otro terapeuta para aprender a superar su aislamiento emocional, pero las recomendaciones que le habían sido dadas --transformar los pensamientos negativos en positivos, estar ocupada, viajar— no le habían dado resultado. Le pidió a una amiga que le recomendara otro terapeuta y así fue como apareció un día en mi oficina.

_Vine a verte con una pregunta específica --me dijo--. Quiero saber cómo puedo deshacerme de esta sensación de aislamiento emocional que me invade a diario. Me está arruinando la vida, agregó.

Sabina me hizo esta pregunta después de haberme contado que su vida era satisfactoria, que no le faltaba nada excepto por supuesto un compañero con quien compartirla. Sin embargo, a través de los años, Sabina había comprendido que tener una pareja no es una garantía contra la soledad. Además, había decidido vivir sola y no compartir ni su espacio ni todo su tiempo con otra persona. Que la soledad es un hecho de la vida, Sabina ya lo sabía. Lo que no tiene por qué ser un hecho de la vida es la sensación de no pertenecer a ningún lado y de sentirse perdido en las tinieblas. Tal como Sartre lo describe magistralmente, estar solos con nosotros mismos no debiera sonar a mala compañía. Al contrario. Sin embargo, resulta difícil explicar cómo lidiar con estos sentimientos de aislamiento y es por eso que algunos terapeutas recurren a las soluciones prácticas. Pero estar ocupados no es la respuesta a sentirnos solos. La respuesta se halla en otro lado, en la profundidad de nuestro ser, al que necesitamos acceder a fin de sentirnos completos.

_Sabina, el camino fácil para enfrentar la soledad es encontrar un compañero con quien compartir la vida --dije--. Pero tú ya decidiste que ésa no es una opción.

_No lo es --contestó--. Yo quisiera vivir sola y sentirme bien conmigo misma. Lo que deseo es superar esa sensación que a veces tengo de estar en una ciudad vacía. ¿Cómo lo logro?

_Como bien sabemos, la soledad es parte de la vida. Nadie está exento de sentirse solo, dije a manera de introducción a un tema tan complejo. La soledad es un tópico difícil aún para nosotros terapeutas porque, como dije anteriormente, es fácil caer en la trampa de las soluciones fáciles. Pero como en este momento aproximadamente el 27% de la población de los Estados Unidos vive sola, nosotros terapeutas tenemos que volvernos más creativos cuando nos enfrentamos con el problema del aislamiento emocional. Como suelo hacer a menudo, empecé a pensar en mi propia sensación de soledad y de aislamiento y en como las enfrento.

_Una cosa es cierta --seguí diciendo --, los seres humanos somos seres sociables. Necesitamos de los demás para sentirnos bien. Sin embargo, eso no significa que tengamos que estar constantemente con los demás y que no podamos estar solos con nosotros mismos, agregué.

Sabina me miró como a la espera de lo que seguía. Me tomé un instante para pensar en cómo describir un tema tan abstracto de manera práctica. Más que nada quería evitar darle a mi paciente una fórmula de talla única porque sé que cada uno de nosotros enfrenta a sus demonios de manera diferente.

_Cuando estamos solos cara a cara con nuestra soledad, necesitamos convertir nuestros pensamientos de *Qué mal me siento* a *¿Qué tengo que aprender de esta situación en la que me encuentro?* Me detuve para constatar si Sabina seguía el hilo de mi pensamiento.

_Yo sé lo que me quieres decir, pero a pesar de que las palabras suenan bien, no entiendo cómo llevarlas a la práctica, fue su breve respuesta.

_Está bien --le dije--. Voy a compartir contigo mi propia manera de enfrentarme con la soledad.

Como siempre que hablo de alguna experiencia personal, mi paciente se mostró sumamente interesada. Las vivencias personales de un terapeuta son como una joya exótica para un paciente a la búsqueda de una respuesta. _Cuando me enfrento con pensamientos de despersonalización, de no ser parte de lo que me rodea, de no estar conectada con nadie, recuerdo que si la Vida me trajo hasta este lugar es porque necesito aprender lo que este lugar me puede enseñar. De lo contrario estaría en otro lugar. Toda experiencia es parte de una enseñanza, y si no logramos aprender del momento presente, tendremos que retornar al mismo lugar muchas veces más hasta aprenderlo.

Sabina me miró sin decir palabra.

_Así es --seguí diciendo --. La única manera de enfrentar las experiencias difíciles, como lo es la soledad, es la de encontrarles un sentido, y el sentido de nuestras vivencias estará siempre relacionado con desenmascarar los fantasmas que llevamos adentro. Es la única manera de convertirnos en buena compañía para nosotros mismos.

EL DIVORCIO, UNA PRUEBA
PARA LA AMISTAD

Recuerdo haber leído hace mucho tiempo un artículo sobre las reacciones de la gente frente al divorcio de sus amigos y conocidos. La nota había sido escrita por una terapeuta divorciada, y a pesar de que presentaba varias teorías interesantes, lo que más me sorprendió fue que para la autora la peor parte del divorcio habían sido las reacciones de sus conocidos. En esa época me pareció sorprendente que una situación tan triste como un divorcio pudiera impulsar a la gente a lastimar a otros seres humanos. Pero cuando pasó el tiempo y tuve la oportunidad de escuchar el mismo comentario de varias de mis pacientes, empecé a analizar el motivo detrás de dicha actitud. Un caso en especial me viene a la memoria.

Alicia era una mujer de 48 años que había estado casada por más de veinte. Tenía dos hijos y una hija, todos ellos adolescentes. A pesar de que su matrimonio había atravesado algunas dificultades a través de los años, ambos Alicia y su marido parecían decididos a no tirar la toalla. O por lo menos eso pareció durante un tiempo.

Luego las cosas empezaron a cambiar. Cuando Alicia vino a verme por primera vez, describió su situación como una pesadilla.

_No puedo creer que me esté pasando esto, después de todos estos años de estar juntos.

Como ocurre a menudo en los matrimonios de hoy en día, Alicia había descubierto algunos correos electrónicos comprometedores que su marido le había enviado a una colega de trabajo. Por el tono de los mensajes era obvio que ambos habían estado teniendo una relación extramatrimonial por un tiempo. Ante tal descubrimiento Alicia se quedó profundamente dolorida. El hecho de que su esposo le hubiese mentido durante varios meses le había causado una profunda herida narcisista que le costaba cicatrizar. Su autoestima había quedado hecha trizas e incluso empezó a sentirse muy vulnerable.

Desafortunadamente, la situación empeoró. Como había decidido divorciarse de su esposo, Alicia empezó a dejar correr la voz entre sus conocidos. Y a pesar de que la mayoría de sus amigos se conmovieron sinceramente de su situación, otros reaccionaron con una total falta de compasión. Alicia había quedado boquiabierta. Nunca había esperado una reacción semejante de ninguno de sus conocidos. Aún recuerdo vivamente una tarde en que ella vino a sesión llorando a mares:

_No sólo tuve que soportar el dolor de la traición de mi marido, sino además la falta de compasión de algunos de mis amigos y conocidos, se lamentó mi paciente.

_El divorcio --le expliqué-- puede provocar distintas reacciones en distintas personas. Especialmente en aquellos cuyas parejas están estancadas o directamente desahuciadas, pero que no aceptan la realidad de su situación.

Alicia mencionó el caso de una mujer, no una de sus amigas pero alguien que ella había frecuentado con regularidad estando casada. El comentario de esta conocida había sido algo así como *¡Qué lástima! Ahora ya no podremos salir los cuatro.* O peor aún, una amiga que había hecho el siguiente comentario al preguntarle Alicia:

_ ¿No habrá nada que yo pueda hacer?

_No, ya no hay nada que hacer --había sido la breve y abrupta respuesta.-- Se acabó todo.

Cuando Alicia revivió este episodio en la sesión, le pedí que me contara algo más de esta amiga suya. Y así fue como me contó que su amiga había estado casada durante más de 25 años, que tenía dos hijas adolescentes y un marido que había sido un exitoso empresario. Sin embargo, con la recesión económica la situación de éste había cambiado y ahora la familia vivía del sueldo de la esposa. De más está decir que la esposa no estaba demasiado feliz con el arreglo. El hecho de que el marido de Alicia hubiera sido un banquero exitoso toda su vida había generado en varios de sus conocidos –y en esta amiga-- sentimientos de envidia. Cuando la noticia de su divorcio se difundió, se volvió evidente para Alicia la envidia que la rodeaba.

_Lo que debes recordar --le dije a mi paciente--, es que todos hablamos de nosotros mismos. Los seres humanos sólo pueden comprender a fondo su propia realidad, no el mundo de los otros. Cuando tu amiga te dijo que no había nada que hacer en tu matrimonio, en realidad estaba hablando de su propio deseo de que no fueras capaz de arreglar tu pareja. Seguramente sintió envidia de tu situación económica durante muchos años y ahora le viene bien una pequeña revancha. Ella percibe que estás vulnerable y con la necesidad desesperada de compañía, y te ataca sin temor a una reacción de tu parte. Pero sólo se trata de su propia frustración, no de la tuya.

Mi explicación no pareció convencer a mi paciente y esa amistad eventualmente se terminó. Alicia había tomado a pecho el comentario de su amiga y decidió partir a la búsqueda de compañeros más compasivos

RINDETE MAÑANA

("La Historia de Paco Larrañaga y el juicio del clan de los Cebu", un documental de M. Colins y M. Syjuco)

Date por Vencido Mañana es la historia real de Paco Larrañaga, un muchacho de 19 años sentenciado a muerte en Filipinas por la violación y asesinato de dos hermanas, a pesar de la existencia de gran cantidad de pruebas de su inocencia. En el documental, estando Paco en pleno juicio, comenta durante una entrevista que a pesar de todo lo que le está sucediendo él seguirá luchando por su libertad. *Me daré por vencido mañana*, explicó. De ahí el título del documental.

Cuando vi la película me horrorizó el sólo pensar que alguien tuviera que enfrentarse con semejante karma. También pensé en la madre de Paco, que creyó en él y que luchó sin cesar para salvar la vida de su hijo. Finalmente, la pena de muerte fue abolida y Paco, quien tenía doble ciudadanía filipino/española, fue trasladado a Espada para cumplir allí el resto de su condena. Cuando salga en libertad, Paco tendrá 61 años y habrá transcurrido la mayor parte de su vida en la cárcel.

Al ver la película el espectador no puede menos que pensar en la gran fortaleza de todos aquellos implicados en esta desesperada situación, y en su resolución de hacer lo necesario para salvar una vida. Pero sin ir a los extremos de Paco Larrañaga, todos nosotros nos enfrentemos tarde o temprano con situaciones difíciles y está en nosotros tener la valentía de no rendirnos. Tal fue el caso de Adriana, una paciente que conocí por primera vez hace muchos años. Adriana había venido a verme cuando sus dos hijos eran adolescentes. Como madre divorciada le costaba criar a dos varones de 16 y 17 años sin el modelo masculino del padre. Mi paciente era originaria de un país centroamericano y después de su divorcio había emigrado a los Estados Unidos sin el padre de los niños. Todavía recuerdo cómo me impresionaron su belleza y su elegancia la primera vez que vino a mi oficina. A pesar de haber nacido en una familia pudiente, Adriana era muy sencilla y, en más de una ocasión y a pesar de la severidad de los temas discutidos en sesión, ambas encontramos la manera de recurrir al humor.

Pasó el tiempo y Adriana dejó de venir a terapia. Sus hijos eran ya mayores y ella había seguido con su vida. Fueron muchos años después que recibí una llamada de ella en camino al trabajo. Hablamos brevemente por teléfono y acordamos en encontrarnos para una sesión esa misma semana. Estaba curiosa de saber cómo le había ido y deseosa de volver a ver a mi antigua paciente. Adriana era una de esas pacientes que a nosotros terapeutas nos interesa tratar. Cuando finalmente llegó a mi oficina pude constatar en seguida que su vida no había sido amable. Si bien aún lucía atractiva y elegante, su mirada era de preocupación. De inmediato entramos en tema. En pocas palabras me enteré de que mi paciente había perdido todos sus ahorros y de que estaba trabajando como masajista en un spa cercano a mi oficina. Pero eso no era todo.

_Yo no estoy satisfecha con mi trabajo --me explicó--. Pero me llega un cheque cada dos semanas. Ahora el dueño me pidió que renunciara porque quiere poner a su sobrina en mi lugar. Tengo ahorrado lo justo para un mes de alquiler. Eso es todo lo que tengo.

La miré en silencio tratando de planear mentalmente una estrategia que ayudara a mi paciente a pensar en términos de futuro. Mi mayor preocupación era la de sonar realista. También quería sonar convincente, pero antes tenía que convencerme a mí misma de que existía una solución factible para una situación tan crítica.

_ ¿Podrías vivir con tu hermana hasta encontrar otro trabajo? le pregunté.

_Si no me queda otra opción... Pero ella vive en un apartamento muy pequeño y no podría quedarme mucho tiempo con ella.

Después de analizar varias opciones más le pedí a Adriana que me trajera su curriculum para empezar a planear dónde enviarlo. Le sugerí además que invirtiera un poco de dinero en tarjetas de visita y las empezara a distribuir por el vecindario. Estuvo de acuerdo y antes de irse me dijo mirándome a los ojos: *Yo sé que estoy protegida.*

Cuando Adriana se fue no pude evitar pensar en cómo cada etapa de la vida implica un desafío nuevo que debe ser enfrentado y superado, y en cuán difícil es a veces no rendirse. Era evidente que Adriana estaba severamente deprimida y cuando la sesión terminó y ella se fue me quedé preocupada. Lo único que me daba cierta tranquilidad era la frase con la que se había despedido: *Yo sé que estoy protegida.*

Antes de ella irse habíamos hecho cita para el viernes de esa misma semana; sin embargo dos días después de nuestra sesión Adriana me llamó al celular.

_ ¿Recuerdas cuando te dije que estaba protegida? me preguntó. Su voz sonaba entrecortada.

_Lo recuerdo perfectamente.

_Bueno déjame contarte lo que me ocurrió ayer. Aún me cuesta creerlo —agregó con voz de felicidad –. Fui a buscar mi último sueldo al spa y no encontré lugar para estacionar mi automóvil. Así que le pregunté a la recepcionista de otro spa ubicado en nuestra misma cuadra si podía dejar allí mi coche quince minutos. Le expliqué que había venido a buscar mi sueldo y que sólo me tomaría un ratito. Ella me preguntó si estaba por dejar mi trabajo. Le contesté que sí y le pedí que si sabía de algún trabajo que por favor me avisara. Después de recoger el cheque volví a buscar mi coche y constaté que había una nota en el parabrisas. Decía así: "*Antes de irte entra que queremos hablar contigo. Estamos buscando una masajista porque la nuestra renunció*".

Me quedé sin habla. De más está decir que el tratamiento de Adriana terminó ese mismo día.

TODO ESTA PERDIDO (La película)

La otra noche decidí quedarme a ver una película de Netflix que trata de un hombre (Robert Redford) perdido en el mar y que trata desesperadamente de salvar su vida después de que su averiado velero se ve envuelto en una tormenta feroz. Cuando la radio y el equipo de navegación del barco dejan de funcionar, Redford utiliza todos los recursos a su alcance para tratar de superar los daños causados por los elementos naturales. Lo más interesante es que la película carece de diálogo, o sea que toda nuestra atención de espectadores se concentra exclusivamente en lo increíblemente ingeniosos que nos volvemos cuando nos enfrentamos con una situación límite. Pero nada supera la maestría de la escena final: Redford decide finalmente dejarse ahogar pero antes de morir mira una vez más hacia la superficie del océano. Allí entrevee el casco de un bote y una mano en el agua buscando sobrevivientes.

Al mirar la película me quedé hipnotizada observando cómo Redford saca de la manga un recurso tras otro para resolver una situación que se pone cada vez más negra. No se da por vencido hasta que el final es inevitable, y aún así titubea. Finalizada la película me dije que quizás se pudiera trazar un paralelo con nuestras actitudes frente a las situaciones límites de nuestra vida. ¿Agotamos realmente todas las opciones o nos dejamos caer en la desesperanza, eligiendo el camino más fácil? Aún en circunstancias en que nos damos cuenta de inmediato de que todo está perdido, especialmente si se trata de una situación significativa como lo es un matrimonio, creo que es importante no dejar de inventar recursos. Eso es si no queremos arrepentirnos en el futuro. Aún cuando una situación parece definitivamente desahuciada ¿Quién sabe? Algo puede surgir de la nada, como la mano en la película, que nos ayudará a trepar fuera del abismo.

Igual que a Redford, la vida de Clara la había enfrentado a una situación límite. Su marido le había anunciado que quería empezar una vida nueva sin ella. La decisión de su esposo la tomó por sorpresa, no porque no supiera que su matrimonio no era feliz, sino porque ella consideraba a su marido como a un hermano que nunca abandonaría el hogar. Clara venía de una familia europea tradicional en la que, según ella me contó, abuelos, padres y hermanos peleaban entre sí pero a nadie se le hubiera ocurrido jamás abandonar el hogar. Para colmo de males el marido de Clara se parecía físicamente al hermano de ella, lo que volvía la proyección aún más automática.

Por el contrario, su marido provenía de una familia totalmente diferente, una familia en la que nadie discutía y en la que las diferencias se barrían debajo de la alfombra. El había sido criado por padres más liberales y cuando decidió divorciarse de Clara no lo pensó dos veces. De más está decir Clara estaba desesperada y sin saber a quién recurrir. Así que vino a verme con la esperanza de que yo la ayudaría a recobrar su equilibrio emocional.

La primera cosa que le dije cuando vino a mi oficina fue que, desafortunadamente, se tarda mucho tiempo en superar las pérdidas. Las pérdidas no se superan fácilmente porque son nuestro camino hacia la iluminación y éste no puede ser un camino corto. Cuando se trata de temas emocionales los atajos no cumplen su cometido. Tarde o temprano aquellos de nosotros que piensan que un clavo saca a otro clavo se dan cuenta de que la ruta que eligieron no lleva a ningún lado. Mejor es empacar algunas cosas para el camino y empezar a andar. *Una jornada de mil millas empieza con el primer paso* (*). Pero eso no es lo único que le dije a mi paciente. También le dije que cuando dejamos de buscar obsesivamente algo aparece que nos cambia la vida. Clara era una paciente maravillosa y, cuando al cabo de un año decidió poner fin a la terapia, la extrañé.

Pasó el tiempo y no supe más de ella hasta que un día me volvió a llamar.

_Hola, la saludé sin sorpresa. Por alguna razón sabía que volvería a saber de ella.

_Qué tal. Estoy llamando con buenas nuevas. ¿Cuándo podemos vernos?

Cuando Clara vino a mi oficina parecía otra: más juvenil y elegante pero menos sofisticada, y en el rostro una sonrisa de oreja a oreja.

_Cuéntame, le pedí.

_Tú sabes que cuando te divorcias la gente siempre te dice que debes empezar a salir porque nadie vendrá a tocarte la puerta.

_Así es, asentí.

_Pues déjame decirte que alguna vez no es necesario salir para que te toquen la puerta, dijo Clara.

A duras penas podía disimular mi curiosidad.

_Después de dejar la terapia empecé a salir a diestra y siniestra con mis amigas. Me sentía sola y estaba desesperada por encontrar a alguien que reemplazara a mi ex-marido. De más está decir que a pesar de conocer a unos cuantos candidatos ninguno me agradó.

_A esta edad no es fácil encontrar compañero, fue mi comentario.

_No, no lo es --asintió Clara--. Seguí buscando novio como gallina sin cabeza hasta que un día, un domingo a la mañana, mientras estaba aún en la cama, me dije que estaba harta de la vida que llevaba. Así que decidí que ya no saldría tanto y que me quedaría más en mi casa leyendo o haciendo otras cosas.

_Buena decisión.

_Si. Sentía la necesidad de estar más conmigo misma.

Me quedé en silencio a la espera de que siguiera hablando

_Hasta que un día alguien me tocó la puerta, siguió diciendo mi paciente con una sonrisa.

_ ¿Y quién era?

_El vecino que estaciona el automóvil en el espacio al lado del mío --me explicó Clara--. Me vino a avisar que me había equivocado y que había dejado mi automóvil en su espacio.

_Imagino que no hay más nada que agregar, comenté riendo.

_No --asintió Clara--. Ese fue el comienzo de una relación que aún perdura.

Igual que en la película, aún cuando pensamos que todo está perdido, hay siempre una mano tendida esperando ayudarnos.

(*) Proverbio chino

EL DOLOR ES INEVITABLE, EL SUFRIMIENTO OPCIONAL

K.C. THIESEN

El otro día estaba navegando por el internet cuando de repente me topé con la cita que menciono en el título. La frase atrajo mi atención de inmediato porque sabiamente resume en una línea una entera filosofía de vida. Para aquellos de nosotros que hemos estudiado los textos budistas, esta frase nos recordará ciertamente las Cuatro Nobles Verdades:

1. La existencia es duka (duka = sufrimiento, ansiedad, sensación de insatisfacción)
2. La verdad sobre el origen de duka
3. La verdad sobre el cese de duka
4. La verdad sobre el camino que lleva al cese de duka

Cuando el Buda dejó el palacio paterno curioso por ver lo que había detrás de sus muros, de lo que se dio cuenta fue que a través de los años los seres humanos deben enfrentarse al sufrimiento, a la vejez y a la muerte. También se dio cuenta de que como todo lo que nos rodea está en constante estado de cambio y todo carece de sustancia, la vida resulta muy insatisfactoria. Estas observaciones llevaron al Buda a dar comienzo a su jornada de búsqueda sobre el origen del sufrimiento y a cómo superarlo. A pesar de que su padre había querido protegerlo de la realidad circundante, apenas puso un pie afuera del palacio el Buda se tuvo que enfrentar con el hecho de que el dolor se entreteje de tal manera con nuestra vida que es inútil tratar de evitarlo. Tarde o temprano todos nosotros tendremos que enfrentarnos con las pérdidas, la soledad, las enfermedades y la muerte. Por razones misteriosas a algunos de nosotros nos toca vivir vidas mucho más trágicas que a otros. Sin embargo, todos tendremos que encontrar la manera de enfrentar el dolor de manera constructiva. Por eso la cita que mencioné al comienzo me pareció tan significativa. Tan sólo en una línea la autora nos llama la atención sobre una importante diferencia. A pesar de que todos nosotros en un momento dado tendremos que enfrentarnos con el dolor, aún así tendremos la opción de encontrarle un significado a lo que nos ocurrió, y por lo tanto a no vivir sufriendo. En realidad, todo depende de nuestras expectativas y de lo que pensamos es el propósito de nuestra vida.

En cuanto a mí, fue hace poco que finalmente me di cuenta de que no estamos en esta tierra para ser felices. Si ése fuera nuestro propósito las vidas de todos nosotros serían un total fracaso. Definitivamente estamos aquí para aprender las lecciones que necesitamos aprender para iluminarnos. Si vemos la vida como un lugar de aprendizaje de pronto nuestra realidad se vuelve más comprensible.

El otro detalle que no debemos olvidar es que somos nosotros los que elegimos cuáles son las lecciones que hemos venido a aprender. En ese respecto, el budismo dice incluso que elegimos a nuestros padres antes de nacer. En otras palabras, nada de lo que ocurre en nuestra vida ocurre sin nuestra participación ni ocurre por casualidad. O sea que cada uno de nosotros es responsable del grado de evolución logrado. Por suerte no estamos solos en esta jornada: nuestro inconsciente es nuestro guía y nuestra conexión con el Universo. Hace varios años sufrí una gran pérdida que tenía que ver con mi vida emocional. El mundo familiar en el que había vivido desde mi infancia de pronto se vino abajo y me precipitó en una serie de ataques de pánico provocándome una severa depresión. Tuve la suerte de contar con la ayuda de un hijo maravilloso y con el cariño de varios muy buenos amigos. Pero a pesar del afecto que me rodeaba, mi vida se convirtió de pronto en un tren fantasma en un parque de diversiones vacío. Luego, un día me puse a ver un video de Eckart Tolle en YouTube en el cual él decía que es a través de nuestras heridas que nos conectamos con el Universo. Pero a pesar de comprender muy bien lo que Tolle quería decir yo no estaba lista para aprehender su significado. Fue sólo muchos años después que comprendí que la pérdida que había sufrido había sido perfectamente necesaria para aprender varias lecciones de vida que necesitaba aprender. Por ejemplo, aprender a ser humilde, aprender a ser yo misma, a ser auto-suficiente, y más que nada, a tener fe en el Universo.

Si aprendemos a leer las señales que nos llegan y las seguimos, la conciencia cósmica nos llevará allí donde tenemos que ir. Yo sé que en años futuros me esperan otras pérdidas. Sin embargo, estoy mucho mejor equipada para enfrentarlas que en el pasado. He comprendido que el dolor no se convierte en sufrimiento si de cada experiencia difícil extraemos una enseñanza. Ojalá que la serenidad que he finalmente adquirido no me abandone nunca.

EMPECEMOS POR PEDIR PERDON Y EL RESTO FLUIRA SOLO

El otro día una buena amiga me preguntó por qué había decidido hacía dos años empezar a escribir un blog. A pesar de que, al principio, pensé en escribir un blog de casos de terapia para que mis lectores se beneficiaran de la experiencia de otros seres humanos, gradualmente empecé a darme cuenta de que también estaba escribiendo para mí misma. Fue entonces que decidí incluir en el blog hechos de mi propia vida, porque después de todo el terapeuta también tiene dificultades en resolver sus problemas, exactamente igual que todos los demás seres humanos.

Algunas de las vivencias de mis pacientes eran tan similares a las mías que al intercalar mis experiencias de vida en el blog empecé a ver más claro en los enigmas de mi propia vida. Esto no sólo me benefició a mí sino que me ayudó a ver más claramente los problemas que acudían a mi oficina. Como lo mencioné varias veces, la vida es un lugar de aprendizaje. Cada situación con la que nos enfrentamos es una lección que necesita ser aprendida a fin de poder transformarnos en seres humanos más evolucionados. Es cierto que algunas vivencias son más significativas que otras, pero al final del día cada una de nuestras experiencias contiene la sabiduría necesaria para actualizar nuestra potencialidad de seres humanos. Hay, sin embargo, una lección de vida que supera a todas las demás: el aprender a ser humildes. En su texto Mussar clásico, *Los Deberes del Corazón*, el rabino Bahya ibn Paquda escribió que *"todas las virtudes y todos los deberes dependen de la humildad"*. Para aquellos de nosotros que hemos decidido embarcarnos en un sendero espiritual, el primer paso consiste sin duda alguna en volvernos humildes. Tarea nada fácil, por cierto. Por suerte, la vida se encarga de proveernos con un sinnúmero de oportunidades que nos encaminan por ese sendero.

La humildad tiene que ver con muchas cosas pero especialmente con acusar recibo de los daños que les hemos hecho a los demás. Aceptar que hemos lastimado a otros seres humanos implica pedirles perdón a fin de no dejar nada pendiente. Si no pedimos perdón, no importa cuán poderoso sea nuestro deseo de dejar atrás el pasado, no lo lograremos. Nuestra vida se volverá un círculo vicioso de errores y malos comienzos, y perderemos la oportunidad de volvernos seres humanos mejores.

Miguel era uno de mis pacientes. Había venido a verme en un momento en que había decidido divorciarse de la madre de sus hijos. Apenas puso pie en mi oficina y empezó a contarme la razón de su visita pude constatar que se trataba de un caso severo de personalidad narcisista. La razón por la que quería un divorcio era a causa de una situación que había ocurrido hacía muchos años y que no había podido olvidar. En esa ocasión su mujer había viajado a su país natal a visitar a su familia y, estando ella allí, Miguel sufrió de un cálculo al riñón. Cuando llamó a su esposa, ésta no se ofreció en volver para cuidarlo. Miguel se enegueció de ira y desde ese momento empezó a planear su venganza. En poco tiempo dio comienzo a una relación extramatrimonial con una compañera de trabajo y empezó a vivir una vida doble.

La terapia fue de corta duración porque de inmediato pude darme cuenta de que mi paciente ya había tomado la decisión de separarse. A pesar de mis esfuerzos no logré hacerle comprender que si su esposa había actuado de esa manera era probablemente porque él se había comportado de manera similar con respecto a ella. Pero dado que Miguel no estaba motivado para empezar terapia de pareja, su matrimonio se deshizo al poco tiempo.

Sin embargo, después del divorcio su ex esposa, Elsa, me vino a ver. Lo que tenía que decirme yo ya me lo imaginaba. Miguel había sido un marido muy distante y no el compañero que ella había esperado tener cuando decidió casarse. La de ellos había sido la típica pareja en la que uno es el que manda y el otro el que obedece, es decir donde el poder no está dividido en partes iguales. Elsa estaba ahí para servir a Miguel y Miguel estaba ahí para ser servido. Por eso, cuando él se enfermó a Elsa ni siquiera se le ocurrió volver para cuidarlo (a pesar del abuso emocional obviamente aún le quedaba un rasgo saludable en la conciencia).

Pasó el tiempo y Elsa me llamó para hacer otra cita, esta vez para informarme que Miguel había decidido volver a casarse. Tal como me lo explicó, Elsa no se sentía triste porque quería volver a su antigua relación, sino porque el casamiento de Miguel marcaba el final de un proyecto de vida.

_No puedo dejar de admitir que su casamiento marca la pérdida de mi proyecto de vida --me dijo--. Divorciarse no significa el final de la familia. Pero con un nuevo casamiento, otra persona hace ingreso en el grupo y lo desorganiza.

_Es cierto --contesté--. Tus hijos ahora tendrán que lidiar con una situación diferente y más dolorosa que si ambos padres estuvieran divorciados pero no vueltos a casar.

Suspiré hondo. La historia de Elsa me había traído a la memoria dolores propios.

_ ¿Déjame preguntarte algo? --dije-- ¿Le pediste perdón a Miguel por no haber venido a estar con él cuando estaba enfermo?

_Sí --fue su respuesta --. Pude ponerme en sus zapatos y sentir el dolor que debe haber sentido en esa ocasión, y así se lo dije.

_ ¿Y él te pidió perdón por la cosas que te hizo a ti?

_No, no lo hizo, fue la contestación.

_Si no lo hizo no aprendió nada de esta experiencia. Volverá a cometer los mismos errores en el futuro.

_ ¿Qué quieres decir? preguntó Elsa con curiosidad.

_Lo que quiero decir es que la vida es repetitiva. Si no aprendes los pasos te quedas siempre en el mismo lugar. No puedes avanzar. La única manera de no caer en círculos viciosos es aprender de los errores y evolucionar. Y el primer paso hacia la transformación es pedirles perdón a los otros por haberlos lastimado. Tu ex marido perdió la oportunidad de hacerlo en esta ocasión. Tendrá que volver a pasar por lo mismo una y otra vez hasta comprender.

BENDICE A TUS ENEMIGOS Y DEJALOS IR...

¿O NO?

PROVERBIO ARABE

Hay hechos en nuestra vida que nos dejan una huella indeleble en el alma, hechos que tenemos la impresión que vamos a recordar hasta en nuestro lecho de muerte. Algunos de estos hechos no son demasiado significativos, y sin embargo el recuerdo del dolor que infligieron sigue presente en nuestra alma como el primer día. Son experiencias que conforman una lista mental que, a pesar del paso del tiempo, es indeleble. Ahí está, presente, emanando una energía si no dolorosa, amarga. Nuestra infancia abunda sin duda en hechos como éstos: rivalidad entre hermanos, peleas con nuestros mejores amigos, compañeros de escuela que nos criticaban, maestros que no nos querían, la lista es larga. Pero no sólo durante la infancia vivimos esta clase de experiencias. Más tarde, por ejemplo cuando atravesamos por un divorcio ¿cuántos conocidos no dejaron de llamarnos y cuántos "amigos" no hicieron comentarios dolorosos sobre nuestra situación?

Y cuando transcurre el tiempo y ya estamos más cerca del final que del principio de la vida, sentimos de pronto la urgencia de poner los puntos sobre las íes con todas aquellas personas que nos hirieron de esa manera.

Gabriela era terapeuta. Nos habíamos conocido hacía mucho tiempo en una agencia de salud mental en donde trabajábamos con pacientes geriátricos. Era una mujer de unos 65 años, inteligente y reflexiva, cuya mirada emanaba una personalidad sana y abierta. Encontró mi teléfono por medio de una colega común y me llamó diciendo que necesitaba una cita para hablar de una decisión importante que debía tomar. El día que vino a mi oficina la reconocí de inmediato. Si bien habían pasado los años, Gabriela seguía siendo la misma persona afectiva y simpática con la que había compartido tantos almuerzos de trabajo.

_ ¿Qué te trae por aquí? --le pregunté sonriendo--. No es a menudo que me viene a ver una colega.

_Tengo que tomar una decisión importante y necesito consultarlo con una terapeuta --fue la respuesta--. Pero mejor empiezo por el principio. --siguió--. Desde hace muchos años tengo *in mente* una lista de cinco o seis personas que me hicieron daño sin necesidad alguna. En realidad la lista es más larga, pero algunas de ellas ya fallecieron --agregó--. Durante mucho tiempo estuve buscando los correos de cada una porque necesito escribirles para poner las cosas en claro. Necesito sacarme este rencor del sistema.

Gabriela quedó en silencio mirando por la ventana de mi oficina. Esperé a que retomara el hilo de su pensamiento y cuando lo hizo fue con una pregunta.

_ ¿Qué piensas?

Me tomé unos segundos antes de contestar. Después de todo no era una pregunta fácil.

_Si crees que enfrentar a estas personas después de tanto tiempo te hará bien, hazlo --le contesté-.- Pero si lo haces tienes que hacerlo bien.

_ ¿Qué me sugieres?

_Cuando estamos ansiosos nos cuesta más hilar los pensamientos y por ende nuestro discurso suena improvisado y falto de coherencia --expliqué--. Lo ideal sería escribir unas breves líneas explicando el porqué del correo sin ofender y sin reflejar deseos de venganza, agregué.

_Yo no necesito vengarme --se apresuró a contestar Gabriela—. Sólo necesito dejarles saber cuánto me dolió su actitud. Dejo la venganza en manos de la Vida, se sonrió.

Esa fue la única sesión que tuve con Gabriela ese año. Pero al año siguiente volvió a llamarme para concertar otra cita.

_ ¿Cómo has estado? --le pregunté al verla entrar en mi oficina muy segura de sí misma--. ¿Llevaste a cabo tu plan?

_Sí, por eso vine a verte, fue su respuesta.

_Pues dime cómo fue.

_Finalmente conseguí todos los correos electrónicos o teléfonos de la lista. Tal como sugeriste escribí un breve guión y lo adapté a cada situación en particular. Luego lo envié o llamé por teléfono.

_ ¿Te contestaron?

_Sólo una persona me contestó.

_ ¿Para disculparse?

_No. Para decirme que no se acordaba de tal situación --fue su respuesta--. Pero lo importante no es si me contestaron o dejaron de contestarme. Lo importante es que me quité un gran peso de encima.

_ ¿Pensabas en este tema a menudo? le pregunté.

_Hace un par de años empecé a poner mi casa interior en orden --me explicó Gabriela--. Creo que para hacer la transición hacia las últimas etapas de la vida esto es necesario. Y a pesar de que estos hechos ya no me generaban dolor, necesitaba enfrentarme con estas personas de alguna manera. Aunque el tiempo haya pasado, tal como yo lo veo éste es un problema de auto-respeto y de establecer barreras con respecto a los comportamientos que vamos a tolerar en los demás. Ahora no hay más resaca del pasado en mi espacio personal y puedo empezar esta nueva etapa de mi vida con el corazón sereno.

AQUELLOS QUE NOS HIEREN

ESTAN HERIDOS

Esta frase siempre me impactó. No porque ignore que los demás pueden lastimarnos con sus palabras o acciones, sino porque incluso nuestros más íntimos amigos, cuando están sufriendo, nos hieren. Cuando sufrimos no somos conscientes de nuestro entorno porque nos concentramos por completo en nuestro dolor. Sentimientos de desesperación, pena, soledad y resentimiento invaden nuestra mente y nuestro corazón, y evaden nuestro control. Una de nuestras reacciones más comunes es la de proyectar nuestra frustración sobre los demás como si al hacerlo pudiéramos deshacernos de ella. Como aquel que tiene una discusión con el jefe y llega a su casa y patea al perro. Es una verdadera lástima que en momentos como éste perdamos la habilidad de pensar en las consecuencias de nuestros actos que a veces hacen que nuestras relaciones cambien para siempre.

Por esto la historia de Elisa no me sorprendió en absoluto. La había estado viendo por varios meses en una terapia post-divorcio. Elisa tenía muchas dificultades en superar la ruptura de su matrimonio, especialmente porque había invertido muchos años ocupándose de marido e hijos. Cuando los hijos se fueron a vivir por su cuenta, el marido empezó a volverse cada vez más distante y el resto es historia conocida. Después de su divorcio Elisa empezó a buscar un grupo de apoyo para divorciados, pero lo único que encontró fue un grupo en la iglesia de su barrio. Y a pesar de asistir a esos encuentros durante varios meses, llegó el momento en que se dio cuenta de que necesitaba una terapia más individualizada. Así fue como llegó a mi oficina. En terapia le fue muy bien porque Elisa era una de esas pacientes que podían aceptar que un divorcio no es nunca el deseo de una sola persona y que ella también había jugado un rol en la ruptura de su matrimonio. Siendo sumamente analítica, mi paciente pudo darse cuenta de cómo, a través de los años, se había encaminado gradualmente hacia el final de su matrimonio. Por su parte, su esposo había participado de esa danza inconsciente a través de una toma de decisiones perfectamente sincronizada. Cuando somos capaces de divisar lo que realmente hay detrás de un evento podemos finalmente abandonar nuestro papel de víctimas y tomar el toro por las astas. Así y todo el divorcio había dejado en Elisa un dejo de aislamiento generado por la pérdida de una figura de apego significativa. Y cada vez que recibía de su ex marido un correo o una llamada telefónica Elisa se alegraba.

Luego llegó el día de su cumpleaños. Tal como era su costumbre, su ex marido le mandó un regalo. Cuando abrió el paquete Elisa quedó agradablemente sorprendida al ver que era un perfume excelente y recién salido al mercado. Pero lo que más le agradó fue su nombre: *J'adore* (Adoro en francés). Por un instante, Elisa pudo alejar de sí la sensación de soledad que el divorcio le había generado. Por un momento pudo soñar con que era posible desandar lo andado y vivir mejor y más feliz.

Esa misma tarde una de sus amigas la llamó para charlar. Elisa estaba tan feliz con el regalo que no vaciló en compartir con su amiga la noticia. Nosotras las mujeres tenemos la suerte de poder revivir momentos importantes simplemente haciendo a nuestras amigas partícipes de nuestra vida íntima. Después de contarle acerca del regalo recibido, Elisa esperó la reacción de su amiga. Cuál no sería su sorpresa cuando ésta le contestó: *"Debía ser el perfume más barato o estaría en liquidación"*. Tal fue su sorpresa que Elisa no atinó a responder nada. Pero en la sesión siguiente pasamos toda la hora analizando este hecho cuidadosamente.

_No podía creerlo --dijo mi paciente--. Esta es una de mis buenas amigas, agregó.

_ ¿Está casada? le pregunté.

_Sí, pero no con el mejor hombre de la tierra. _

_ ¿Le hace regalos el marido?

_No estoy segura --contestó Elisa--, aunque recuerdo que una vez habíamos salido a cenar y ella levaba un anillo muy lindo. Cuando me dijo que se lo había comprado ella misma en uno de sus viajes me extrañó, contestó mi paciente con un dejo de satisfacción en la voz.

_Ahí ves, exclamé con una sonrisa.

_Tienes razón --dijo Elisa también sonriendo --. Cuando estaba casada me acuerdo que un día le dije a mi marido que no me trajera más collares porque ya tenía más de los que podía usar, agregó.

_ ¿Ves?

_Si, pero ella no sabe esto --retrucó Elisa--. Lo único que ella sabe es que ahora estoy sola. ¿Cómo puede ser tan insensible?

_No es insensible --le expliqué--. Es una mujer infeliz. Quizás el regalo de tu ex marido le haya hecho recordar que el suyo hasta se olvida de su cumpleaños. Y ella ni siquiera tiene la posibilidad de compartir estas penas con sus amigas porque de hacerlo su marido quedaría muy mal parado. Lastimarte a ti es un amago de aliviar su dolor.

"...de su iniciación en una vida nueva y desconocida..."

CRIMEN Y CASTIGO.

F. DOSTOIEVSKY

Cuando Nancy me vino a ver a mi oficina una lindísima tarde de primavera había estado separada y divorciada de su esposo por siete años. Por lo que me dijo ese día, habían sido años de gran sufrimiento durante los cuales sólo su orgullo le había evitado caer en la total desesperación. Nancy era una consejera de niños que había estado casada por más de 25 años con un martillero muy exitoso. Se habían casado jóvenes y juntos habían tenido una hija. A pesar de que al comienzo el matrimonio había funcionado bien, como ocurre a menudo la riqueza y la reputación habían generado más de un conflicto en la pareja. Al principio ella no se había preocupado demasiado porque sabía que todos los matrimonios tienen altos y bajos. Pero cuando fue pasando el tiempo y su marido se volvió cada vez más frío, su ansiedad y sus miedos empezaron a crecer. Ahí fue cuando me llamó para hacer una cita.

La gente en general viene a verme con un objetivo *in mente*: resolver el problema presente. Cuando estamos desesperados es muy difícil ver más allá de nuestra nariz. Todo lo que sabemos es que estamos sufriendo y que es necesario aliviar el dolor. En mi calidad de terapeuta tengo que toparme con mis pacientes allí donde se encuentran en ese momento, así que escuché atentamente la historia de Nancy y estuve de acuerdo en que la suya era una situación difícil. Por regla general, cuando un paciente viene solo a terapia y dice que el cónyuge se está volviendo distante, la primera cosa que pienso es que hay un tercero/a en discordia. Esta por supuesto es una información importante porque si la relación extra-matrimonial es seria, entonces el matrimonio corre peligro. Lamentablemente, ése fue el caso del marido de Nancy. Tal es así que hasta se negó a asistir a una sesión de cierre de la pareja.

El tiempo fue pasando y Nancy siguió viniendo a terapia sola. Juntas nos enfrentamos con el final de su matrimonio con todas las complicaciones emocionales y económicas que ello implica, así como con las interminables explicaciones a hija e amigos. Desde afuera, Nancy parecía ser una persona fuerte que atravesaba por un período muy difícil de su vida con dignidad y respeto por sí misma. Sin embargo, por dentro ella no lograba comprender por qué le había tocado vivir esta traumática experiencia.

Después de procesar su duelo durante incontables sesiones, Nancy finalmente empezó a estar mejor. A pesar de sentir aún una profunda sensación de pérdida, había logrado aceptar que su ex esposo no era un hombre para ella. Le quedaba aún por comprender el sentido de esta dolorosa experiencia de vida. Pero un día vino a sesión radiante. Por su actitud de triunfo pude darme cuenta de que había hecho un descubrimiento significativo. Me contó que había terminado de leer *Crimen y Castigo* y que quería discutir conmigo la página final de la novela. Dostoievski termina su obra diciendo que la estadía de Raskolnikov en Siberia era necesaria para que él pudiera pasar a otro tipo de vida.

_ ¿Tú piensas acaso que el dolor sea la única manera de descubrir un significado más profundo de la vida y que por eso todos nosotros debemos sufrir de una manera o de otra? me preguntó Nancy con curiosidad.

_No. No creo que el dolor sólo alcance para transformarnos en personas mejores --contesté --. Lo que creo es que estas experiencias dolorosas contienen una enseñanza oculta. Algunas personas son capaces de descubrirla mientras que otras no, agregué.

_ ¿Y en el caso de Raskolnikov? ¿Cuál es la enseñanza? siguió preguntando Nancy.

_Yo creo que Raskolnikov puso un pie en la así llamada otra vida cuando fue capaz de aceptar el amor de Sofya por él y con la ayuda de ese amor sentir remordimientos por lo que había hecho --

explique --. Mientras fue prisionero de sus propias racionalizaciones por el crimen cometido, no veía la salida de su infierno privado.

_ ¿Y qué debería aprender yo de mi experiencia? preguntó cautelosamente mi paciente.

Me sonreí.

_Sólo tú conoces el camino hacia esa otra vida -- le contesté--. La única cosa que puedo decirte es que el punto de partida es pidiendo perdón a aquellos que lastimaste. Pedir perdón es la única manera de salir de la cárcel que vamos construyendo a nuestro alrededor y que nos impide ver la realidad verdadera.

SI NO SABES LA RESPUESTA
PREGUNTALE A TUS SUEÑOS

Tal como lo escribí muchas veces en mi blog, cada vez me cuesta más comprender y aceptar la idea de un Dios Todopoderoso que reina sobre el cielo y la tierra. Por el otro lado, un universo sin energía divina tampoco me convence ya que más de una vez me enfrenté en la vida con situaciones difíciles que no hubiera podido resolver sin una intervención más poderosa. Estoy segura de que esto nos ha ocurrido a todos; aunque quizás algunos de nosotros tengamos dificultades en ver más allá de la realidad fenomenológica, especialmente todos aquellos hechos que tienen que ver con nuestro inconsciente.

Recuerdo que hace mucho tiempo, cuando aún era estudiante, fui a ver a un terapeuta en el centro de consejería de la universidad. No hacía mucho que había llegado a los Estados Unidos y las universidades norteamericanas eran para mí como el día y la noche comparadas con las de Argentina. A pesar de que hablaba el inglés, no estaba acostumbrada a hacer presentaciones orales frente a los demás alumnos, especialmente en un idioma extranjero. Como tenía miedo de que mi nivel de ansiedad interfiriera con mis estudios, pedí consejo a un terapeuta sobre cómo relajarme y superar el problema. No recuerdo exactamente lo que me dijo la psicóloga excepto una cosa: *"Cómprate un cuaderno y escribe todos tus sueños. Encontrarás allí la respuesta."* En ese momento recuerdo haber pensado que suerte tenía de no haber tenido que pagar por una sesión tan lacónica. Pero a medida que transcurría el tiempo y seguía sintiéndome ansiosa de tener que exponerme frente a una clase, decidí seguir el consejo recibido.

Empecé a anotar mis sueños en un cuaderno. Cada mañana, y para no olvidarme los detalles, apenas me despertaba escribía lo que había soñado la noche anterior. Luego, a la tardecita me ponía a leer lo que había escrito tratando de interpretar el significado y su relación con mis dificultades. En las pocas sesiones que tuve con la terapeuta lo que aprendí fue que mi ansiedad tenía mucho que ver con la educación estricta que había recibido en la infancia, no sólo en mi casa sino también en la escuela. De hecho, mi crianza había sido una de esas crianzas en las que el respeto por los padres, (especialmente por el padre) y por los maestros es extremada y se basa más que nada en la crítica negativa. Cuando no se respeta la personalidad de los niños y se les trata de imponer características que no son propias, se vuelven tímidos y evasivos. Algo semejante a cuando se forzaba a un niño zurdo a escribir con la mano derecha. La timidez y la evasión son un mecanismo de defensa ante las críticas y las reacciones negativas del medio ambiente.

La noche anterior a mi primera presentación me fui a la cama temprano sumamente nerviosa. Sabía que si quería seguir estudiando no me quedaba otra opción que la de sobreponerme a mi ansiedad y llevar a cabo la presentación. Después de largo rato dando vueltas y más vueltas en la cama, finalmente me quedé dormida. Esa noche tuve el siguiente sueño: *me encontraba en un jardín con un hombre que jugaba a la pelota. Al final del jardín, cerca de una pared, había una planta con dos ramas. A pesar de que ambas estaban florecidas, la del medio era más grande que la otra. Le advertí al hombre que tuviera cuidado con la pelota sino acabaría rompiendo la planta. Dos segundos después de mi advertencia el hombre patea la pelota y quiebra la rama del medio. Miro la planta en desasosiego pero me digo que la rama más pequeña, a pesar de ser más frágil, también está florecida; y que a pesar de que la rama más grande seguramente morirá, ésta seguirá creciendo hasta volverse como la otra.* A la mañana siguiente me desperté sintiéndome mucho más serena. En ese momento todavía no había comprendido el verdadero significado del sueño, pero la idea de la presentación oral ya no me produjo la misma ansiedad de antaño. De más está decir que di mi exposición y aprobé el curso. Y a pesar de que en ese momento no logré establecer una correlación entre el sueño y mi ansiedad de hablar en público, ése fue el primer día en que la segunda rama empezó a crecer.

NO TENGO QUE CRUZAR UN OCEANO PARA OLVIDARTE

Recuerdo que en la literatura romántica que solía leer en mi juventud --ahora me cuesta leer ficción porque la realidad me fascina más--, cuando los personajes sufrían una desilusión amorosa emprendían larguísimas jornadas con la esperanza de que la distancia geográfica los ayudara a olvidar el objeto amado. Sin embargo, esto casi nunca servía para nada porque, explicaba el relator, todos llevamos nuestras pérdidas a cuestas. Pero, a medida que fue pasando el tiempo (y muchos libros de psicología después) mi visión del mundo cambió y empecé a comprender que ciertas conductas, a pesar de parecer superficiales al principio, pueden ayudarnos a dar vuelta las páginas tristes de nuestra vida.

Cuando Solange vino a verme había estado separada de su marido por cuatro años. Después de casi veinte años de convivencia, tanto ella como su esposo decidieron que había llegado el momento de cortar lazos. Con ese objetivo decidieron vender la casa familiar y comprar dos apartamentos no lejos el uno del otro. De acuerdo a lo que Solange me contó en sesión, el matrimonio había estado basado en un amor profundo. Pero con el tiempo, las dificultades de la vida fueron minando la relación de pareja y esto volvió la separación inevitable. En todos los matrimonios, buenos o malos, la separación es un proceso muy largo que termina mucho después de la separación física de los cónyuges. En el caso de Solange, tanto ella como su ex marido decidieron mudarse a apartamentos cercanos probablemente porque, si bien habían dejado de convivir, todavía seguían unidos emocionalmente. Al principio de su separación Solange se sintió reconfortada de tener a su ex marido cerca de ella. A pesar de que sólo se veían en reuniones familiares, tenerlo cerca la hacía sentir protegida. Sin embargo, a medida que fue pasando el tiempo, el mero hecho de verlo pasear cerca de su casa le generó una profunda nostalgia por la vida que habían compartido. A pesar de haber transcurrido ya varios años desde su separación y divorcio, Solange se dio cuenta de que aún no había dado vuelta la página y que había llegado el momento de hacer algo al respecto.

Se le ocurrió que el tener una sesión de cierre con su ex marido quizás la ayudaría a poner punto final a la relación de una vez por todas. Ahí fue cuando vino a verme, derivada por una amiga que había sido paciente mía. Después de explicarme el porqué de su venida, le pregunté cuál era su objetivo específico en tener esta última sesión con su ex marido. Ahí fue cuando me dijo que en los últimos cuatro años había estado pensando en los muchos malos entendidos que habían tenido lugar entre ambos y que quería esclarecer ciertas cosas, y si necesario pedir disculpas.

Mientras Solange hablaba pude darme cuenta de que todavía no había podido superar la pérdida de su matrimonio y que la sesión de cierre no era sino una excusa para volver a encontrarse con su ex marido una vez más. Sin embargo, decidí no decir nada y la alenté en su plan sencillamente porque una sesión de cierre es siempre muy útil. Decidimos entonces que Solange esperaría algunos días antes de actuar para constatar si realmente quería citar a su ex marido a sesión. Si al cabo de unos días ella todavía seguía segura de querer hacerlo, lo llamaría para invitarlo a una sesión conjunta.

Al cabo de un par de semanas, Solange me llamó para concertar una cita. Cuando le pregunté si vendría con su ex marido me contestó que no y que después me explicaría el porqué. Una vez en mi oficina le pregunté qué había pasado. La respuesta fue que había hecho lo que habíamos planeado pero que su ex esposo se había negado a asistir a sesión.

_ ¿Dio alguna explicación? le pregunté.

_Sí. Dijo que ya habíamos hablado de todo lo que teníamos que hablar y que no tenía sentido seguir removiendo el pasado, fue la respuesta.

Esa fue la última vez que vi a Solange ese año. Fue pasando el tiempo y me olvidé totalmente de ella hasta que un día recibí un llamado suyo pidiéndome una cita. Cuando la vi entrar en mi oficina pude darme cuenta de que su vida había

cambiado para mejor. No sólo había perdido peso y estaba mejor arreglada, sino que su andar era mucho más dinámico y se la veía más serena
_Se te ve espléndida, fue mi saludo.
_Finalmente empecé a vivir de nuevo --fue su respuesta--. Hoy vengo para una sesión de cierre, pero conmigo misma, se rió.
_ ¿Qué quieres decir? le pregunté.
_Después de que mi ex esposo se negara a venir a una última sesión conjunta, me di cuenta de que no tenía otra opción más que la de poner punto final a esa etapa de mi vida. Fue entonces que se me ocurrió que una distancia geográfica entre nosotros quizás me ayudaría a olvidar.
_ ¿Estás pensando mudarte a otro estado? le pregunté sorprendida.
_No. Estoy pensando mudarme a otro barrio -- explicó--. El apartamento en el que vivo ahora es el apartamento que compré después de separarme. Emana soledad y desesperanza. Y si bien es un lugar hermoso, sabe a dolor y nostalgia.
Solange se quedó un momento en silencio como esperando mi reacción a sus palabras. Decidí no decir nada para no interrumpir el hilo de sus pensamientos.
Ella siguió hablando.
_A pesar de que voy a seguir viviendo en la misma ciudad que mi ex esposo, siento que mudarme a un nuevo barrio y a una nueva casa va a ser el verdadero final de mi matrimonio y el comienzo de una vida nueva.

_Estoy de acuerdo --le dije--. A veces no es necesario cruzar un océano para olvidar, pero poner una cierta distancia física ayuda. La nueva casa tendrá una energía diferente.

_Así es. Si bien mis recuerdos, mis momentos felices y mis tristezas estarán siempre a mi lado, mi nueva casa no será un lugar para lamerme las heridas sino un espacio para estar en paz conmigo misma.

NO SE GANA LA PAZ DESEANDO QUE LAS COSAS SEAN COMO QUEREMOS QUE SEAN, SINO ACEPTANDOLAS COMO SON

EPICTETO

Como el concepto expresado en el título está ligado a plegarias y mandamientos religiosos (Hágase Tu voluntad así en la tierra como en el cielo) nunca presté demasiada atención a su significado. Soy espiritual pero no religiosa. Sin embargo, cuantos más libros leo que tratan del significado de la existencia tanto más me convenzo de que todo lo que nos ocurre debía ocurrir. A menudo nos topamos en la literatura religiosa con la metáfora de la vida como tapiz en el cual todas las hebras son necesarias para conformar el diseño. Lo más interesante, sin embargo, es que el tapiz se teje a medida que vivimos y que el diseño final sólo aparece el último día de nuestra vida. En consecuencia, tendremos que tener fe en que cuando miremos hacia atrás la trama tendrá sentido.

Ocurren cosas en nuestra vida, algunas de ellas buenas, otras no tan buenas y finalmente algunas decididamente malas. Un budista diría que las penas y las alegrías de esta vida son el resultado de nuestro karma. Decisiones que hemos tomado en el pasado, en esta vida o en la anterior, tienen consecuencias que han madurado ahora. Dichas consecuencias son los momentos felices e infelices de esta vida.

Creo que este paradigma budista tiene sentido. Más de una vez he visto gente pagar por el dolor que infligieron a otros. He visto ocurrir esto tantas veces que a veces me pregunto si no es nuestro inconsciente el que nos induce a ser castigados para aliviar nuestro sentido de culpa. Es bien sabido que criminales han llamado al 911 por equivocación. Y si bien colgaron al darse cuenta de su error, un patrullero ya había sido despachado hacia donde se encontraban. Cualquiera sea la situación, estar en paz tiene que ver con aceptar que las penas que sufrimos son necesarias y no son más que experiencias de aprendizaje en nuestro camino hacia la autorrealización. Estoy de acuerdo con Christopher Vogler en su prólogo a *Mitos y Películas* de Stuart Voytilla cuando dice que la jornada del héroe empieza con una pregunta central dramática que irrumpe en su vida de todos los días. La vida cotidiana del héroe es su refugio (la zona en la que se siente cómodo) que de pronto se ve amenazado por un acontecimiento dramático. En ese momento el héroe –todos nosotros—acepta el desafío o se niega a correr el riesgo de navegar por aguas desconocidas. Si nos negamos a enfrentar el desafío, nos toparemos con el mismo desafío una y otra vez en el futuro. Sin embargo, si nos arriesgamos hacia lo desconocido probablemente encontraremos la respuesta a muchas de nuestras preguntas. No olvidemos que el objetivo de la vida no es la fama, ni la riqueza, ni siquiera el bienestar cotidiano, sino el autoconocimiento. Si hemos venido a este mundo tan difícil es porque debemos mejorar el conocimiento que tenemos de nosotros mismos para entrar más en contacto con nuestro Ser. Aceptar lo que nos ocurre sabiendo que es necesario es el primer paso.

Sergio me fue derivado por uno de mis pacientes. Había venido a los Estados Unidos desde Chile donde residía su amplia y muy tradicional familia de origen. Cuando me dijo que su familia era muy unida y de muy buen pasar, le pregunté por qué había decidido emigrar a los Estados Unidos. Su respuesta fue que un amigo martillero le había ofrecido una buena posición en su empresa. A pesar de que su explicación no me convenció, en ese momento la acepté.

Sergio vino a verme porque tenía severos problemas matrimoniales. Conocí a su esposa en nuestras sesiones de pareja y desde el comienzo pude darme cuenta de que el matrimonio de ambos iba a ser muy difícil de reparar. No tanto por Sergio –en realidad él tenía mucho interés en rehacer su matrimonio--, sino porque su esposa exhibía severos rasgos de personalidad narcisista, lo que hacía prácticamente imposible una terapia exitosa. Cuando su mujer decidió abandonar el tratamiento, Sergio siguió viniendo a sesión con la esperanza de encontrar la manera de reparar su matrimonio. La sola idea de divorciarse y de tener que vivir solo lo angustiaba de tal manera que le tomó casi tres años comprender que la separación era inevitable. Los meses que siguieron a su decisión de finalmente irse de su casa fueron sumamente difíciles para él.

_Recuerdo que cuando vine a verte la primera vez me dijiste que eras del parecer que era mejor evitar el divorcio, especialmente cuando hay hijos pequeños, me dijo Sergio un día en un arrebato de angustia.

_Y aún pienso lo mismo --le contesté--. Pero para reparar una relación se necesitan dos personas con ganas de hacerlo. En tu caso sólo tenemos una persona con deseos de mirarse a sí mismo con honestidad y cambiar lo que necesita ser cambiado.

A medida que fue pasando el tiempo Sergio fue sintiéndose menos deprimido y más capaz de aceptar que el divorcio de su esposa había sido inevitable. Decidió invertir su energía en el trabajo, se alquiló un lindo departamento y empezó a invitar a sus hijos a cenar a menudo. Gradualmente hasta empezó a gozar de las noches solitarias en su casa.

Hoy en día sigue viniendo a sesión, aunque esporádicamente, cuando surge alguna crisis. Pero el Sergio que hoy viene a mi consultorio no es ya el Sergio de hace siete años. No solamente pudo desprenderse de la mayoría de sus rasgos de personalidad dependiente, sino que además tiene la capacidad de poner límites y de expresar claramente lo que no va a tolerar.

Cuando surge el tema de su vida en estos últimos años, ambos concordamos con que su jornada hacia la autorrealización empezó hace mucho tiempo, cuando abandonó su país de origen. Sergio aún recuerda los muchos conflictos de poder que tenía con su hermano mayor y su madre, y cómo nunca fue capaz de enfrentarse a ellos. Ahora, cuando viaja a verlos, no titubea en establecer con ellos los mismos límites que fue capaz de establecer con su ex mujer. Incluso su postura física cambió. Mientras que antes caminaba como si estuviera llevando un enorme peso sobre los hombros, ahora mira al mundo desde un ángulo de fuerza. Los hechos dolorosos que tuvieron lugar en la vida de Sergio --y en nuestras propias vidas-- tenían que ocurrir para que él se convirtiera en la persona que es ahora. El aceptar este hecho le brinda a Sergio la paz que necesita para seguir adelante y mirar al futuro con optimismo.

CUIDADO CON LOS MANDATOS PARENTALES

En general no somos conscientes de cuán poderosos son los mandatos de nuestra familia de origen. Por ser subliminales, estos mensajes se incrustaron en nuestra mente mientras vivíamos bajo el techo paterno, lenta pero profundamente. A menudo estos mandatos forman parte de nuestra historia familiar, una historia que nuestros padres a su vez heredaron de sus padres durante su infancia. Cuando nos volvemos adultos dichos mensajes siguen ejerciendo una poderosa influencia sobre nuestras vidas induciéndonos a veces a tomar decisiones no siempre beneficiosas. Carlos es un buen ejemplo de cómo estos mensajes pueden destruir nuestras relaciones adultas e incluso generar enfermedad y depresión en nuestra vida.

Este paciente me fue derivado por su hermana, que había sido paciente mía en el pasado. Era un hombre de 55 años, profesional, atractivo, que vino a verme después de haberse divorciado de su esposa al cabo de 28 años de matrimonio. A pesar de ser judío, Carlos se había casado con una mujer católica. Como ninguno de los dos era religioso al casarse, la religión no jugó ningún papel en sus vidas en ese momento, Sin embargo en la familia de Carlos no ocurrió lo mismo. A pesar de no ser la madre de Carlos una mujer religiosa, ella había alimentado la esperanza de que su hijo se casaría con una mujer de su misma religión. Sin nunca ser muy explícita, la madre había mencionado varias veces que si un hombre judío se casaba con una mujer de otra religión, cuando discutieran la esposa haría una alusión negativa a la cultura judía. Carlos nunca había prestado demasiada atención a las palabras de su madre (o por lo menos así lo creía), pero cuando nació su hijo, Carlos empezó a preocuparse más por las tradiciones de su religión. En consecuencia le dijo a su esposa que para él era sumamente importante que su hijo fuera criado como judío. Su esposa accedió de inmediato, no sólo porque no era religiosa, sino por ser profundamente anticlerical, tal como lo había sido su propia familia de origen.

A medida que pasó el tiempo y se acercaba la fecha del bar mitzvah de su hijo, Carlos le pidió a su esposa que lo llevara todos los domingos al templo para su educación religiosa. Como la esposa era la que estaba a cargo de las actividades extracurriculares del niño, aceptó este pedido como una tarea más en su calidad de cuidadora y empezó a llevar a su hijo todos los domingos a las clases de religión. Todo salió a pedir de boca y, después de la ceremonia Carlos agradeció profusamente a su esposa por haber hecho esa importante concesión. El matrimonio era sin duda sólido y el gesto de la esposa los había unido aún más.

Sin embargo, las estaciones fueron y vinieron y, como ocurre a menudo cuando los hijos empiezan a irse del hogar, los conflictos y las insatisfacciones matrimoniales empezaron a volverse palpables. Carlos y su esposa no tuvieron otra opción que enfrentarse con el hecho de que en su pareja existían conflictos de los que ellos no habían sido conscientes. Además, y como la esposa había estado siempre a cargo de la logística doméstica, Carlos había podido concentrarse casi exclusivamente en su trabajo. Como resultado, después de años de trabajar duro se había convertido en un profesional exitoso. Cuando su hijo se hubo marchado a la universidad, Carlos dio inicio a una relación extramatrimonial con una colega más joven. Durante esos años Carlos raramente estaba en la casa, y cuando estaba, su presencia distaba de ser agradable. Esto hizo que su esposa no tardara mucho en darse cuenta de que su matrimonio se enfrentaba a serios problemas. Como se sentía preocupada y temerosa, le recriminaba a Carlos constantemente su distancia hasta el punto en que la relación se volvió insoportable. Carlos hizo lo imposible por ocultar la relación con su colega hasta que un día su inconsciente (como suele pasar a menudo) le tendió una trampa. Se fue de viaje "olvidando" que su esposa tenía la contraseña para entrar en su computadora y dejando al descubierto los correos de su amante.

Como era de esperar, cuando regresó a casa la situación estalló y ambos decidieron separarse. Dos años después se divorciaron. Finalizado el divorcio, Carlos se enfermó de bronquitis y empezó a padecer severos ataques de asma. Interpretando la enfermedad de su ex marido como un síntoma psicosomático, la esposa pensó que una reconciliación era posible. Pero a pesar de mantenerse en estrecho contacto con su esposa, era obvio que para Carlos la separación era definitiva.

_ ¿Por qué estaba tan convencido de que una reconciliación era imposible? le pregunté cuando vino a verme a causa de una depresión post-divorcio.

_Porque sabía que mi esposa nunca me perdonaría y que la convivencia sería imposible, había sido la respuesta.

A pesar de admitir que quería a su esposa y que ella era una excelente persona, Carlos no pudo avenirse a tratar de reparar el matrimonio. A sus ojos un nuevo comienzo con ella no era una opción viable. Pero cuando Carlos empezó a hablar en detalle de su familia de origen, no pude menos que sospechar que en su intransigencia hacia su matrimonio había algo más profundo en juego.

El tiempo fue pasando y Carlos empezó a interesarse cada vez más por el judaísmo, yendo al templo para las celebraciones anuales y socializando con otros miembros de la congregación. Un día, un amigo que por coincidencia también había estado casado con una mujer católica pero que ahora estaba en pareja con una mujer judía, le presentó a una mujer de la congregación diez años más joven. Pronto empezaron una relación y, como me comentó después en una de nuestras sesiones, Carlos sintió que la vida le había dado la oportunidad de *empezar de nuevo*.

Dado que la relación está todavía vigente no me es posible evaluar si la decisión de dejar un buen matrimonio sin tratar de resolver los conflictos fue beneficiosa para mi paciente. Sin embargo, el hecho de que la novia de Carlos sea judía me obliga a plantearme la pregunta de si sus acciones desde el comienzo no estuvieron relacionadas con el deseo inconsciente de satisfacer el mandato materno. Es increíble la cantidad de desvíos que tomamos en la vida con tal de complacer a nuestros padres. La única manera de evitar estos errores es comprendiendo que vinimos a la vida para completar nuestra autorrealización. Sólo a través de una individuación sana de nuestra familia de origen podremos llega a ser nosotros mismos.

- A la fecha de publicación de este libro, el matrimonio de Carlos se estaba empezando a desmoronar.

TODO TIENE UN TIEMPO

(ECLESIASTES 3:1.8)

Cuando Adriana me llamó para hacer una cita fue para una circunstancia diferente a la que en general trae los pacientes a mi oficina. De hecho ella dijo no estar interesada en empezar una terapia sino simplemente en hacer una consulta. Le contesté que ella era la que decidiría cómo usar su tiempo en terapia. Dicho esto hicimos una cita para la semana siguiente. Cuando Adriana llegó a mi oficina su mirada apacible y su andar tranquilo me dieron la pauta de que había llegado a esta etapa de la vida con paz y serenidad.

Era una mujer de mediana edad aún atractiva, pero con esa belleza que más tiene que ver con la sabiduría que con los rasgos físicos. Poco tiempo después de iniciar la sesión Adriana me contó que era una profesional con varios años de experiencia en su área, que tenía la suerte de tener un buen trabajo, una hija bien encaminada en la vida, así como un lindo grupo de amigas. Desde hacía varios años Adriana vivía sola. Mientras hablaba tuve tiempo de observarla atentamente. Su tono era tranquilo y seguro, y con todo el aspecto de tener pocas preguntas y muchas respuestas.

_ ¿Qué te trae por mi oficina? --le pregunté cuando hizo silencio--. Dijiste que querías hacerme una consulta.

_Así es --contestó Adriana sin perder la compostura--. Hace rato que quería consultar un terapeuta sobre un tema que tengo pendiente.

_Adelante entonces, le dije a manera de invitación.

_Hace tiempo nos hacemos con mis amigas la siguiente pregunta: ¿Es necesario a nuestra edad estar en pareja para ser feliz? Algunas de ellas están convencidas de que solas nunca se sentirán del todo satisfechas con la vida, mientras que otras piensan que ya la época de tener una pareja pasó y que la vida en la mediana edad es mejor vivirla de otra manera.

_Y tú qué piensas, le pregunté a mi paciente, aunque ya me imaginaba cuál sería su respuesta.

_Yo pienso que a mi edad es muy difícil poder armar una pareja que funcione armoniosamente. Todos llegamos a la mediana edad con una maleta demasiado pesada como para compartirla con otro, terminó diciendo.

Al escucharla hablar no pude menos que sonreír. Cuántas veces no habíamos tenido el mismo diálogo con mis amigas sin nunca poder llegar a ponernos de acuerdo. Al percatarse de mi sonrisa, Adriana me preguntó el porqué.

_Por nada de lo que dijiste tú –le aclaré--. Es simplemente porque ese tema está presente en mi vida también.

No son muchas las veces que comparto algún hecho personal con mis pacientes, pero a veces, cuando viene al caso y siento que el paciente se va a beneficiar con ello, lo hago sin vacilar. Adriana me miró con asombro.

_ ¿En tu vida?

_Sí --le dije--. Yo también he pensado en ello. Pero lo importante no es la conclusión a la que haya llegado yo sino la conclusión que sea útil para ti, agregué casi de inmediato.

_Es que no logro llegar a ninguna conclusión porque, si bien me siento bien como estoy, cuando me encuentro con mis amigas empiezo a dudar.

_ ¿Cuál exactamente es tu duda? le pregunté.

_Lo que temo es que pasado el tiempo me arrepienta de no haber tratado de formar una pareja y entonces sea demasiado tarde.

_ ¿Te sientes sola cuando estás sola en tu casa?

_A veces sí, pero cuando eso pasa llamo a alguna amiga y organizo un programa para salir.

_ ¿Tratas de organizar programas a diario o te quedas a veces en tu casa leyendo o viendo una película?

_Antes me era imposible quedarme sola en mi casa --me explicó Adriana--. Pero ahora hasta me gusta hacerlo de vez en cuando. Es más -- agregó--, a veces estoy en casa leyendo hasta pasada la hora de cenar y me alegro de no tener que interrumpir mi lectura para preparar la cena para alguien.

_Es cierto que tener una pareja armoniosa vuelve la vida más colorida --le contesté--. Pero también es cierto que la pareja no es siempre armoniosa y tarde o temprano surge el conflicto. No existe ninguna interacción entre seres humanos en la que alguna vez no surja el conflicto. Y quizás estés pensando que te resulta más valiosa la serenidad y la paz, aunque sea a costas de no tener compañero, que tener que lidiar a diario con las exigencias de una pareja.

_Sí --asintió Adriana--. La cotidianeidad de una pareja me asusta. Ya lo viví y no creo que en esta etapa de la vida tenga la energía para volver a hacerlo.

_Quizás sea porque cada etapa de la vida tiene metas distintas --comenté--. Si bien en la juventud lo importante es formar una familia y procrear, en la madurez la prioridad es el conocimiento.

_ ¿El conocimiento? preguntó Adriana.

_Sí, el aprender, el reflexionar y el volvernos más sabios -- expliqué --. Como tenemos menos responsabilidades y más tiempo disponible, podemos por fin dedicarnos a contestar nuestras preguntas existenciales. Como bien dice el Eclesiastés, *todo tiene un tiempo*. Quizás el tiempo de esta edad sea el de conformar una visión del universo que dé significado a nuestra vida y nos ayude en la transición hacia nuestra existencia futura.

¿ESTOY CONFORME CON MI VIDA?

Florencia había sido mi paciente cuando tenía 50 años. En esa época había venido a verme porque su marido de muchos años había fallecido después de una larga enfermedad. El suyo había sido un buen matrimonio; una relación que se había caracterizado por el respeto mutuo y la igualdad. En consecuencia, la muerte de su marido había dejado a Florencia con una profunda sensación de soledad e aislamiento. Una amiga le había dado mi nombre y ella vino a verme con la esperanza de que yo le mostraría como vivir en el mundo siendo nuevamente soltera. Como aquellos de nosotros que tuvimos que recorrer ese camino bien sabemos, empezar una nueva vida social después de haber estado casados muchos años no es tarea fácil. Una amiga mía que quedó viuda a los 55 años solía decirme que vivir solos viene aparejado con una tarea ardua: la de estar en contacto con casi todos casi todo el tiempo. Tener una buena vida social puede ser realmente difícil, especialmente para nosotras mujeres. Mientras que a los hombres de cualquier edad se los invita a todo tipo de eventos, a las mujeres las dejan de lado a veces hasta sus propias amigas, especialmente en la mediana edad cuando los matrimonios se vuelven tan vulnerables. Por suerte, Florencia había podido superar ese obstáculo. Gracias a su poderosa motivación de no dejarse abatir por la depresión, había logrado hacerse de nuevos amigos. Al participar de conferencias y clubes de discusión y lectura Florencia había logrado salir adelante. Es por eso que su llamado para pedirme una cita me tomó por sorpresa. Me pregunté qué es lo que la traía a mi oficina nuevamente.

Vino a verme una tarde en la mitad del verano. A pesar de haber transcurrido varios años desde nuestra última sesión, mi antigua paciente aún denotaba energía y parecía estar bien asentada en su vida.

_ ¿Qué te trae por aquí después de tantos años? le pregunté con curiosidad--. La última vez que nos vimos estabas por salir de viaje con algunas amigas.

_Sí, me acuerdo --contestó sonriendo --. Eso fue hace cinco años. !Qué viaje maravilloso! Florencia se quedó en silencio por un rato como pensando en cómo poner en palabras lo que la traía a verme. Yo también me quedé callada a la espera de que ella hablara.

_Es increíble que hayas mencionado ese viaje porque lo que hoy me trae aquí son dificultades que he estado teniendo con algunas amigas.

_Cuéntame, la alenté.

_Estoy segura de que te acuerdas de que cuando falleció mi marido tuve que empezar a conocer gente nueva para levantar cabeza, empezó diciendo.

_Por supuesto que me acuerdo, le contesté.

_Bueno, debo decir que con la ayuda de la terapia pude salir adelante. Al cabo de unos años de viudez logré armarme una vida social muy satisfactoria--. Nuevamente silencio.-- Pero ahora las cosas están cambiando un poco.

_ ¿Qué quieres decir?

Bueno, que algunas de mis amigas se están volviendo muy irritables y que su compañía dejó de ser agradable --me explicó. Al principio me dije que nadie es perfecto y que si no puedo tolerar a los demás me quedaré sola. Pero, lamentablemente algunas de estas amigas cambiaron mucho.

Florencia me dirigió una mirada inquisidora.

_¿Por qué la vida nos arroja tantos desafíos...Es una cosa tras otra...Podré descansar algún día?

Su tono de voz revelaba su estado de ánimo.

_ Entiendo lo que dices Florencia --dije--, pero en pos de claridad déjame replantear lo que acabas de decir. Preguntémonos por qué nosotros hacemos que la vida sea tan difícil. Miré a mi paciente tratando de adivinar si estaba de acuerdo conmigo.

_Es cierto --dijo--. Mi pregunta necesitaba ser replanteada.

_Qué bueno que ambas estemos de acuerdo en cuanto a esto --dije--. Ahora déjame hablarte del psicólogo Erik Erikson, que definió la vida como una serie de etapas. ¿Lo oíste nombrar? pregunté. Florencia sacudió la cabeza negativamente así que proseguí.

_Para ser precisos, las etapas de Erikson son ocho. En cada etapa el ser humano debe adquirir y desarrollar una determinada habilidad. Si no lo logramos nuestro desarrollo emocional queda incompleto y deberemos adquirir esa habilidad en una etapa posterior. La primera de estas etapas, la más importante, tiene lugar durante el primer año de vida. La habilidad que adquirimos a esa edad es la confianza. Si no tenemos la suerte de nacer en un medio ambiente que facilite la confianza nos volveremos desconfiados. Quizás a lo largo de la vida aprendamos a ser confiados, o quizás no lo aprendamos nunca. La última etapa en cambio tiene lugar después de los 65 años. A esa edad nuestro desarrollo emocional está terminado y, con suerte, podremos mirar hacia atrás y sentirnos satisfechos con nuestra vida. Si es así podremos gozar de los años que nos quedan e incluso enfrentar la muerte con serenidad. Pero si nuestra vida estuvo llena de errores que ya no tenemos tiempo de corregir, entonces en nuestros últimos años caeremos presa de la desesperación. Esas son las amigas con las que tienes dificultades: se sienten deprimidas, irritables, y tienden a tratar a los demás con el desprecio que sienten por sí mismas.

Florencia me miró como si le acabara de revelar uno de los grandes misterios de la vida. Y quizás le había revelado algo realmente importante: que a diferencia de algunas de sus amigas ella podía gozar de la última etapa de su vida por haberla vivido con sabiduría.

"NO NECESITO CREER, LO SE"

(C. JUNG, entrevista antes de su muerte)

A pesar de ser cierto que la mayoría de la gente viene a mi oficina buscando ayuda para resolver los problemas de la vida diaria, a veces ocurre que alguien viene a verme para discutir temas metafísicos. Como en esta etapa de mi vida yo también estoy tratando de recrear una visión de la vida después de la muerte, este tipo de sesiones son extremadamente complejas y debo tener mucho cuidado en no dejar que mis puntos de vista interfieran con los de mis pacientes. En general, estos pacientes empezaron su búsqueda espiritual a partir de un hecho en sus vidas que los hizo preguntarse si se trataba de un hecho más --sólo que de más feliz desenlace--, o si marcaba una dimensión más trascendente de la realidad.

Carla era una de esas pacientes que había estado tratando por un tiempo de encontrar una respuesta satisfactoria a sus preguntas espirituales. Su búsqueda había empezado hacía mucho tiempo, cuando tenía 25 años. En esa época Carla vivía con sus padres en Argentina y se estaba por graduar de la carrera de Letras Modernas en la Universidad de Buenos Aires. Un fin de semana de verano sus padres decidieron ir a pasar unos días a la casa de veraneo que habían construido en una de las playas cercanas a la capital. Carla decidió no ir, no sólo porque estaba preparando su tesis, sino porque había quedado en ir al cine y a cenar con amigos. Volvió a casa a eso de la medianoche y se fue a acostar. De repente fuertes ruidos provenientes del ascensor la despertaron. El departamento en el que vivían los padres de Carla se encontraba en un edificio antiguo con sólo dos unidades por piso. El departamento de Carla era el 4B mientras que el del vecino de enfrente era el 4A. Al principio Carla pensó que alguien había cerrado el ascensor de un portazo y que pronto todo volvería a la normalidad. Pero cuando los ruidos continuaron y empezó a escuchar gente hablando, algunos gritando, saltó de la cama para ir a ver qué pasaba. Al llegar al hall de entrada del departamento, alguien empezó a golpear la puerta muy fuerte y a gritar: "¡*Abran la puerta! Abran la puerta!*" Carla estaba paralizada del miedo. La única cosa de la que estaba segura era que ladrones no eran. Debía ser algo diferente. Así que, juntando todo el coraje del que era capaz en ese momento, contestó: "Estoy sola en casa y tengo miedo. Voy a llamar a la policía". Habiendo dicho esto, empezó a discar el 911. El teléfono estaba cerca de la puerta de entrada así que quienquiera que fuese que estaba golpeando la puerta podía escuchar su conversación. Cuando empezó a hablar por teléfono se hizo silencio del otro lado de la puerta.

_Estoy sola en mi casa y hay gente golpeando la puerta y queriendo entrar --Carla le dijo al que contestó la llamada--. ¿Qué hago?

_ ¿Desde la ventana ve carros de policía en la calle? preguntó su interlocutor.

_Sí, contestó mi paciente después de otear la calle.

_Entonces abra la puerta.

Carla se sintió más desamparada que nunca. Comprendió que no tenía opciones; tenía que abrir la puerta o los del otro lado la tirarían abajo. Pero en el preciso instante en que puso la mano sobre el picaporte escuchó la voz de uno de los hijos del vecino de enfrente que justo en ese momento había vuelto a casa.

_Señorita X, estoy acá con unos hombres uniformados --dijo el vecino--. Me dicen que tienen que hablar con usted. Por favor abra la puerta.

No bien Carla hubo abierto la puerta, unos 7 u 8 policías militares armados hasta los dientes se abalanzaron en el departamento. El vecino preguntó si podía quedarse. Le dijeron que sí. En el grupo había sólo un hombre vestido de civil. Este se quedó en la sala con Carla y el vecino mientras sus subordinados revisaban todo el departamento. Al cabo de 30 minutos y después de algunas preguntas hechas por el hombre de civil se fueron todos. Carla le dio gracias al vecino por haberse quedado y se fue a su cuarto. Estaba tan asustada que por varios días le costó conciliar el sueño.

Tres días después de este incidente, un grupo de la policía militar entró en el departamento 3B y se llevó a la hija del dueño. Nunca más la encontraron y su nombre pasó a engrosar las listas de los "desaparecidos" de la dictadura militar argentina.

_Dígame de qué manera esta historia fue el punto de partida de su búsqueda espiritual, le pregunté a mi paciente.

_A pesar de que hubieron otras instancias en mi vida que apuntaron claramente hacia una supra-realidad --empezó diciendo Carla-- esta historia es extraordinaria de manera muy específica. El hecho de que el hijo del vecino del 4A llegara a su casa exactamente cuando la policía estaba golpeando mi puerta dista de ser una coincidencia. El me contó luego que apenas abrió la puerta del ascensor le preguntaron quién vivía en el departamento 4B. Cuando él les dio el nombre y apellido de mi padre seguramente se dieron cuenta de que se habían equivocado de lugar. Pero querían estar seguros. Por eso cuando él me pidió que abriera la puerta usó mi apellido, no mi nombre. En realidad la persona que estaban buscando era la del 3B, pero si mi vecino no hubiera aparecido en ese preciso instante para aclararles cuál era mi apellido me hubieran llevado.

Estaba tan conmovida por lo que acababa de escuchar que no atiné a pronunciar palabra. Y en ese momento de silencio sólo pude recordar la respuesta de Jung al preguntársele si tenía fe:

_Esa es una pregunta difícil --dijo sonriendo. -- No necesito creer...Lo sé.

NUESTRO INCONSCIENTE,

NUESTRO MAESTRO

Según los filósofos gnósticos, el autoconocimiento equivale al conocimiento de Dios. Para Sócrates una vida no examinada no vale la pena ser vivida, y para Jesús en el Dialogo del Salvador (Evangelio Gnóstico): "*La lámpara del cuerpo es la mente*". Dado el hecho que la parte más significativa de nuestra mente es nuestro inconsciente, la tarea primordial de nuestra vida es volver nuestro inconsciente consciente. Cuanto más sepamos sobre nosotros mismos, tanto más luminosa y coherente será nuestra vida. Ya lo dijo Jung: "*La tarea del hombre es volverse consciente de los contenidos que surgen de nuestro inconsciente*". También dijo que todo aquello de lo que no somos conscientes se convierte en destino. Por suerte, no estamos solos en nuestra búsqueda; los sueños son nuestros más poderosos aliados. Ellos son los mensajeros del inconsciente. Cuando estamos listos para aprender algo, el inconsciente nos manda un sueño con todos los elementos que necesitamos para entender una situación determinada. Decodificar nuestros sueños nos convierten en los dueños de nuestra vida.

Sara había estado tratando de superar el dolor de su divorcio por cinco largos años. Como muchos hombres de mediana edad, el marido de Sara había decidido dejar el matrimonio cuando su hija partió hacia la universidad. De más está decir que para Sara el abandono de su marido había sido un golpe terrible y por muchos años no logró entender por qué éste había destruido una familia que si bien no era perfecta, era sólida. A fin de buscar ayuda, Sara trató de localizar a una terapeuta que le cayera bien y siguiendo el consejo de una amiga hizo cita con una psicóloga jungiana. A pesar de estar muy deprimida y con muy poca energía para siquiera hablar de su pérdida, Sara fue a la cita. Apenas llegó a la oficina de la terapeuta se dio cuenta de que había llegado a buen puerto. La terapeuta era una mujer muy compasiva y de mucha experiencia, que le transmitió de inmediato la esperanza en un futuro mejor. En ese momento Sara empezó su jornada de autodescubrimiento. Transcurrieron muchos meses y finalmente un día Sara llegó a su cita de mucho mejor humor que de costumbre. La terapeuta quiso saber qué había ocurrido. Sara le explicó que una noche se había acostado a dormir y que a la mañana siguiente, por primera vez en mucho tiempo, se había despertado feliz y aliviada. Al parecer la terapia había dado resultado ya que a partir de entonces Sara había vuelto a sentir placer por las pequeñas cosas de la vida, tales como ir al cine o a la playa, leer un libro, o compartir un vaso de vino con amigos. Poco tiempo después Sara dejó la terapia.

Algunos meses más tarde me llamó para hacer una cita. Quería, explico, ver a una terapeuta de distinta orientación psicólogica. Después de ponerme al tanto sobre los últimos años de su vida, Sara me contó el siguiente acontecimiento. Hacía algunos meses ella había estado teniendo problemas con una de sus amigas. Esta era una mujer muy controladora y a quien le gustaba burlarse de los demás, y la única razón por la que las demás amigas la aceptaban era porque la conocían desde hacía muchos años. Las dificultades que Sara había estado teniendo con ella se debían principalmente a la personalidad de su amiga, quien de alguna manera se empeñaba en liderar la vida social de todas ellas. Sara ya había tolerado durante muchos años un marido con una fuerte personalidad narcisista y que solía controlarla y burlarse de ella cada vez que la ocasión se presentaba. Ahora, después de haber empezado a sentirse mejor, la relación con esta amiga la había vuelto a sumir en la desesperanza. Después de escucharla, mi pregunta fue obvia:

_ ¿Por qué sigue viendo a esta persona?

_Porque ella forma parte de mi grupo de amigas --fue la sencilla respuesta—. No voy a permitir que ella arruine mi vida social -- agregó Sara—. Me costó mucho volver a empezar después de mi divorcio y ahora, cuando estoy comenzando a recuperar la alegría de la vida, me topo con esta persona que de alguna manera interfiere en mi vida igual que lo hacía mi ex marido. Desde que discutimos el otro día he estado durmiendo once horas por día.

Era obvio que Sara seguía siendo un imán para ser abusada por personas de tendencia narcisista. Por algo la vida la seguía enfrentando con ellos.

_ ¿Tuvo algún sueño últimamente? Le pregunté para explorar por qué Sara seguía cayendo en este tipo de trampas.

_Si, he tenido un sueño --me contestó como asombrada por no haberlo pensado antes--. La noche después de discutir con mi amiga soñé que *estaba con mi ex marido en el correo. De pronto él empieza a caminar y desparece de mi vista. Me pongo nerviosa pero me digo que de todas maneras lo puedo llamar a su celular. Busco mi celular pero me doy cuenta de que está roto. Me pregunto cuándo se rompió ya que es un teléfono nuevo. Así que decido pedirle a la mujer que está al lado mío que me preste el suyo. Cuando trato de marcar el número no consigo llamar. Le pido el celular a otra persona que está cerca de mí pero cuando quiero discar el teléfono se convierte en un acordeón.* En ese momento me despierto.

No pude sino maravillarme de la sabiduría de nuestro inconsciente., y de cómo pedazo por pedazo recoge elementos de nuestra vida consciente para fabricar un sueño que nos transmite el mensaje que debemos escuchar. Pude comprender que Sara aún no había dado vuelta la hoja de su pasado. A pesar de la falta de respeto a la que su ex marido la había sometido durante años seguía tratando de comunicarse con él en el sueño, y con su abusadora amiga en la realidad. Es interesante notar que el nombre antiguo del acordeón es *harmónica* que en griego quiere decir armonía. Así que quizás relaciones tan poco armoniosas como las de su amiga o su ex marido ya no debían tener lugar en su vida. Pero Sara aún seguía nadando contra la corriente. En consecuencia la vida seguiría enfrentándola con este tipo de relaciones hasta que aprendiera a librarse de ellas.

Los sueños reflejan nuestra realidad interior. No la inventan. Es cierto que Sara había empezado a recuperarse de su pérdida, pero su jornada de individuación aún no había terminado.

PENSAR CON EL CORAZON

Muchas veces mis pacientes me han preguntado cómo reaccionar cuando alguien los maltrata. Es cierto que algunos de nosotros tendemos a ser vengativos y a cargar con nuestros resentimientos durante largo tiempo. Sin embargo, casi todos comprendemos que los resentimientos son un peso duro de cargar. Los rencores no sólo son pesados porque se basan en la ira, sino porque nos separan de aquellos que, de alguna manera, participaron por un tiempo de nuestra vida.

Cuando Verónica vino a verme, pude darme cuenta inmediatamente de que cargaba un gran peso sobre sus espaldas. Su porte carecía de espontaneidad y su expresión facial emanaba irritabilidad y hasta diría ira. De lo que no cabía duda era que su vida no había sido una vida fácil y de que, probablemente, había sufrido no pocas pérdidas y traiciones. Es cierto que la vida es difícil para todos. Los momentos felices son pocos y la gente que nos quiere por lo que somos aún más escasa. Sin embargo, todo esto tiene que ver con las lecciones que vinimos a aprender, y que son precisamente nuestras némesis (y no los que nos quieren tiernamente) los que se convierten en nuestros maestros. Es sólo a través del dolor y el sufrimiento que empezamos a comprender.

Pero me estoy yendo por las ramas. Volvamos a Verónica, mi nueva paciente. Ella llegó a mi oficina y se sentó frente mío sin siquiera una sonrisa. Era una mujer de mediana edad, atractiva y de mirada inteligente. Como hablaba con acento, le pregunté de dónde venía.

_Nací en Panamá, pero vine a los Estados Unidos hace muchos años con el que ahora es mi ex marido. El vino a estudiar física y yo vine con él. Como llegamos solteros, decidimos casarnos aquí.

Me quedé en silencio por un momento para darle a Verónica el tiempo para pensar en cómo quería presentarme el problema que la traía a mi oficina. No se hizo esperar. Habló en un tono bajo, como tratando de contener el sentimiento de ira que se traducía en sus palabras.

_Vine a verla porque me siento estancada en el pasado --dijo--. Tal como mencioné, mi marido es ahora mi ex marido. En realidad, es mi ex marido desde hace varios años. Cinco años para ser exacta.

_ ¿Está usted todavía lamentado el divorcio? le pregunté.

_Lamentando el divorcio no, pero aún siento mucha ira por sus mentiras y sus infidelidade --me explicó. Verónica se calló por un momento antes de proseguir. --Sin embargo, ya pasó mucho tiempo y quisiera no estar más obsesionada con lo que hizo.

Esperé por un momento para ver si mi paciente necesitaba decir algo más, pero me di cuenta de que había quedado a la espera de mis comentarios.

_Hay pérdidas en la vida muy difíciles de superar --empecé diciendo--. Algunas de nuestras heridas nunca cicatrizan. Sin embargo, cuando dejamos que el pasado controle nuestra vida nos resulta imposible gozar del presente, agregué.

Verónica me miró con una expresión triste en el rostro y dijo:

_Me resulta imposible gozar de cualquier actividad. Y lo que es más, me resulta imposible deshacerme de este profundo sentido de pérdida que surgió en mí después de mi divorcio.

Mi paciente había empezado a sollozar en silencio mientras buscaba un pañuelo en su cartera.

_ Entiendo bien cómo se siente --dije--. ¿Quién no se ha sentido así en algún momento de su vida? Y sin embargo hay una manera de dar un paso atrás y mirar el pasado con una mirada diferente.

Pude detectar una luz de esperanza en los ojos de Verónica. ¿Es que finalmente se le abriría la puerta hacia una vida mejor?

_ ¿Cómo? preguntó ansiosamente.

_Recuerde que los pensamientos generan emociones. O sea que debe cambiar la manera de pensar sobre su ex marido. En vez de verlo de manera negativa y pensar que mintió y le fue infiel para hacerla sufrir, simplemente piense en él como alguien que fue tratado de la misma manera en su infancia. Estos son los únicos comportamientos que conoce. Su repertorio de conductas es extremadamente limitado.

_ ¿Pero él sabía que estaba siendo deshonesto?

_Sí, pero eso es lo que vivió durante los primeros años de vida. Quizás una madre narcisista que en vez que darle prioridad a él se la dio a sí misma. Si su familia de origen se rigió por esas reglas de conducta, él hace lo mismo con los de afuera. Lamentablemente nunca se le ocurrió aprender a vivir de otra manera.

_ ¿O sea que yo debería haber tolerado sus mentiras y sus infidelidades?

_No. Su comportamiento es inaceptable. Lo que sí puede hacer ahora es mirarlo con los ojos del corazón y decirse que lo que ocurrió entre ustedes es lo que necesariamente debía haber ocurrido. Siendo su ex marido como es y siendo usted la que es, el desenlace no podría haber sido ningún otro. Dígase que él es el que más sufre las consecuencias de sus actos, y recuerde que usted es ahora libre de vivir una vida mejor.

AL FINAL TODO ESTARA BIEN. SI NO ESTA BIEN QUIERE DECIR QUE TODAVIA NO ES EL FINAL

Este título no es mío sino del guión de una película maravillosa titulada *Hotel Marigold*. No viene al caso comentar el tema de la película sino más bien el tema de que la vida es sabia y nos conduce allí donde tenemos que ir. Nuestras abuelas ya aseguraban que "*No hay mal que por bien no venga*". Cuando nos topamos en la vida con algún desafío, la tendencia es interpretar estos dichos como consuelos baratos. Estamos tan sumidos en el dolor que nos cuesta ver más allá del sufrimiento. La dificultad radica en que hasta que no llegamos al *final* de una jornada nos es imposible darnos cuenta de que, en realidad, lo que ocurrió fue realmente lo que debía ocurrir. De la misma manera, no podemos saber si hemos sido felices hasta no llegar a nuestro último día y poder analizar cómo hemos vivido.

El comprender que las cosas ocurren como deben ocurrir es difícil para todos, pacientes y psicólogos, estudiantes y filósofos, laicos y religiosos. Sólo los sabios logran aprehender este paradigma de la vida intuitivamente, sin necesidad de que pase el tiempo y les devele el secreto. Esto es lo que ocurrió con Clarissa, una de mis pacientes.

El marido de Clarissa había venido a mi consultorio porque estaba insatisfecho con su relación matrimonial. Lo había derivado otra paciente mía que yo había visto durante unos años, también por problemas de pareja. Marcelo, el marido de Clarissa, era un hombre emocionalmente vulnerable, que dijo necesitar más demostraciones de cariño de las que su mujer estaba dispuesta a brindarle. Dijo, por ejemplo, que a él le hubiera gustado tener largas charlas con Clarissa después de cenar, pero que ella era reacia a tanta intimidad y que cuando él se lo proponía, ella contestaba que estaba ocupada. Si bien ya pasaron varios años de ese encuentro, todavía recuerdo haber pensado en ese momento en la suerte de Clarissa (yo aún no la había conocido) de tener un marido tan deseoso de intimidad matrimonial.

Luego de algunas sesiones le propuse a Marcelo que invitara a su mujer a una sesión de pareja a fin de poder observar cómo ambos se relacionaban. Acordamos en un día y ambos llegaron a mi consultorio puntualmente. Inmediatamente noté que Clarissa había venido a la fuerza. Lo que intuí fue que, intuyendo que su matrimonio estaba en peligro, ella prefería no remover ni pasado ni presente. A las quejas de su marido de que no era suficientemente cariñosa, ella contestó que le costaba mucho ser cariñosa con él porque la personalidad de su marido no invitaba a demostraciones de afecto.

Cuando le pedí que me diera un ejemplo específico de lo que me había querido decir me contó lo siguiente:

_La verdad es que tengo miedo de acercarme a Marcelo porque un día está amable, afectuoso, invitante, pero cuando decido acercarme a él de la misma manera, cambia de pronto la personalidad y se vuelve frío y distante. Ya me pasó tantas veces que ahora me volví sumamente cauta. --Y agregó-- Para ser sincera, mi matrimonio es una relación en la que tengo que caminar sobre cáscaras de huevo.

Comprendí de inmediato lo que Clarissa quería decir. En pocas palabras me había descrito a su marido como un narcisista: emocionalmente vulnerable pero distante, impredecible, constantemente insatisfecho, con una pronunciada tendencia a culpar al otro por sus insatisfacciones personales, y sobre todo incapaz de introspección alguna.

Pasaron los años y el matrimonio de Clarissa y Marcelo se deshizo. Marcelo se fue a vivir solo y Clarissa se quedó en la casa familiar con sus dos hijos adolescentes. Si bien Marcelo tuvo algunas sesiones más conmigo después de su separación, Clarissa siguió viniendo religiosamente cada semana. Le costaba mucho aceptar que su matrimonio, a pesar de ser muy insatisfactorio, se hubiera desmoronado. No quería aceptar la realidad que le había tocado en suerte. Le costaba comprender por qué después de haber luchado tantos años por alcanzar un relativo bienestar económico y social su familia se había desarmado.

Como para extraerla de un pasado que ya no existía ni que tampoco había sido mejor, recuerdo haber sugerido que todo ocurre por algo y que ocurre para mejor. Si bien Clarissa admitía que, de existir armonía en el universo las cosas tienen que tener una razón de ser, le costaba "verlo". Para ella el concepto de que todo es para mejor era un concepto esotérico, pero en realidad hueco y carente de base sólida. ¿Dónde estaba la prueba de que Dios sabe lo que hace o que todo lo que ocurre conviene? Mi respuesta fue que lamentablemente la prueba sólo aparece con el pasar del tiempo. La clave es la paciencia y la fe en que alguien vela por la paz de nuestra alma.

Al cabo de unos meses de separación, Clarissa dejó de venir a verme. Supuse que mis interpretaciones no la habían convencido. Fueron pasando los años y un día me llamó para hacer una cita. Llegó a mi oficina sonriente pero con ese dejo de melancolía que me era tan conocido. Me contó que había conocido a un hombre en una fiesta, que se habían caído bien de inmediato y que allí mismo había nacido una relación muy satisfactoria para ambos.

_Es cierto --me dijo-- estoy bien con mi novio. Pero aún no alcanzo a comprender por qué mi familia se deshizo.

Al escucharla hablar no pude menos que recordar aquella parábola del hombre que está en el techo de su casa después de un diluvio y le reza a Dios para que lo ayude. Al rato pasa una canoa y el remador le ofrece su ayuda. El hombre le contesta que no gracias, que está esperando que Dios lo rescate. Luego pasa una lancha a motor y el marinero le ofrece ayuda. El hombre vuelve a contestar lo mismo: que está esperando que Dios lo rescate. Finalmente pasa un transatlántico y el capitán le ofrece ayudarlo. La respuesta del hombre es la misma. Al cabo de unos minutos la casa queda bajo agua y el hombre se empieza a ahogar. Entonces grita:

_ ¡Dios, te recé una plegaria para que me ayudes y me dejaste ahogar!

A lo que Dios le contesta:

_Hijo, te mandé una canoa, un bote y un transatlántico y te negaste a recibir ayuda.

De la misma manera, Clarissa aún no había logrado dejar ir el pasado para recibir a manos llenas un presente mucho mejor.

Llega un momento en la vida en que tenemos que dejar de lado todos los dramas y a aquellos que los generan. Nos rodeamos entonces de aquellos que nos hacen reír; olvidamos los malos momentos y recordamos los momentos felices; amamos aquellos que nos tratan bien y rezamos por aquellos que nos maltrataron...

Anónimo

Cuando Cristina me llamó para hacer una cita y le pedi que me explicara brevemente para qué quería verme, me contestó en tono brusco que me lo explicaría personalmente. Por la edad y la urgencia con que pidió venir a verme supuse que se trataba de problemas matrimoniales. En la mediana edad y cuando los hijos ya están encaminados en la vida, las dificultades matrimoniales son las que más traen gente a mi oficina. Y sin embargo, cuando vi entrar a Cristina algo me dijo que esta vez se trataba de algo diferente.

Cristina era una mujer de unos sesenta años, aún atractiva y con un dejo de melancolía en la mirada. La invité a sentarse y esperé en silencio a que empezara a contarme su historia. No se hizo esperar. Me contó que había quedado viuda desde hacía algunos años, que tenía dos hijos adultos y que vivía sola.

_Al principio me costó estar sola después de tantos años de convivencia --explicó--. Pero por suerte me hice de muchas amigas y salgo bastante.

No hice ningún comentario y se hizo silencio. Me di cuenta de que a mi paciente le estaba costando encarar el problema que la traía a mi oficina. Decidí entonces darle una mano:

_Al parecer tienes una vida agradable --dije--. No puedo imaginar qué es lo que te trae a verme.

Eso fue suficiente para que Cristina arrancara. Empezó contándome que acababa de llegar de un viaje con una de sus amigas más íntimas. Se habían conocido en un grupo de apoyo para personas solas y se habían caído bien casi de inmediato. Eso había sido algunos años atrás. Esta amiga, Elena, era de su misma edad, divorciada y con dos hijas casadas. Si bien les dedicaba mucho tiempo a sus nietos, los fines de semana siempre solía llamar a Cristina para hacer algún programa juntas. Y si bien ésta tenía varias otras amigas con quien pasar un rato agradable, por alguna razón se había vuelto muy dependiente de la compañía de Elena. Al comienzo la amistad entre ambas no había tenido conflictos, pero hacía un año más o menos que Cristina había empezado a notar que Elena había cambiado: estaba más irritable, quería elegir siempre ella los lugares a los que ir, y más de una vez le había contestado bruscamente.

Al principio Cristina pensó que se trataba de un malestar pasajero y que pronto su amiga volvería a ser la de antes. Pero con el pasar de los meses empezó a darse cuenta de que Elena había cambiado irremediable te de actitud. Así y todo cuando su amiga le propuso hacer un viaje juntas, mi paciente aceptó inmediatamente. El día de la partida y mientras preparaba la valija Cristina tuvo la vaga sensación de que estaba cometiendo un error, pero no le hizo caso y siguió preparándose. Ambas amigas partieron hacia la primera etapa del viaje sin contrariedades. Pero a medida que pasaban los días, Elena se ponía cada vez más irritable y malhumorada. Pero eso no era todo. Elena empezó a dejar que Cristina pagara los gastos diarios de su bolsillo "olvidándose" luego de devolverle el dinero. Puesto que era un viaje que no sólo había llevado mucho tiempo planear, sino que había salido bastante caro, Cristina decidió hacer la vista gorda para no arruinarlo y malgastar el dinero invertido. Pero una vez de regreso decidió que la relación con Elena necesitaba ciertos ajustes. Y así decidió hacer una cita conmigo.

_Lo que me trae aquí es que no quisiera perder una amistad de años --explicó--. Además, yo sé que todos tenemos nuestras cosas. ¿No es necesario ser más tolerante con los demás?

_Ser tolerante es una virtud necesaria si no queremos estar solos --asentí--. El problema es que hay cosas que es bueno tolerar y otras que no.

_ ¿Y de qué depende que toleremos o no a los demás?

_Eso es algo que sólo cada uno de nosotros sabe.

Se hizo otro silencio. Tuve la impresión de que a mi paciente no le había satisfecho mi respuesta. Probablemente había venido a buscar una fórmula que se pudiera adaptar a todos los casos por igual.

_Estoy tan confundida que no sé qué hacer --se lamentó Cristina--. Por un lado tengo miedo de quedarme sin amigas, pero por el otro algo me dice que la respuesta no es aceptar todo de todos.

_El miedo a la soledad es mal consejero --comenté despaciosamente--. A pesar de nuestros miedos tenemos que tratar de actuar en consonancia con nosotros mismos. ¿Has tenido algún sueño últimamente?

Cristina se sorprendió por un momento con mi pregunta, pero luego una expresión de satisfacción le iluminó el rostro.

_Ahora que lo mencionas, sí, he tenido un sueño. *Estaba en una casa con dos personas y teníamos que sentarnos a almorzar. Como la casa estaba muy sucia les dije a mis acompañantes que antes de almorzar debíamos limpiarla. Accedieron, cosa que me dio mucha tranquilidad. Limpiamos la casa y cuando todo estuvo reluciente empezamos a comer.*

Miré a Cristina sonriendo.

_Creo que has disipado tú misma tus dudas. ¿No crees?

HIJOS CHICOS PROBLEMAS CHICOS, HIJOS GRANDES PROBLEMAS GRANDES

Uno de los temas más complejos de nuestra vida --acaso el más complejo-- es la relación con nuestros hijos. Como reza el dicho: *Hijos chicos, problemas chicos; hijos grandes, problemas grandes.* Yo también tengo un dicho: *Cuando tenemos hijos nuestra vida ya no nos pertenece.* Al nacer un niño, el sistema familiar se modifica por completo. La pareja deja de ser un dúo para convertirse en un triángulo en el que varias dinámicas empiezan a jugar un papel. Una de ellas es la profunda conexión entre la madre y el niño, que de alguna manera convierte al padre en tercero en discordia. Recuerdo cuando mi hijo nació y mi esposo quería salir los sábados a la noche, qué difícil me resultaba dejar el bebé con una *baby sitter* y cuán impaciente estaba por volver a casa. Me sentía dividida entre el deseo de acompañar a mi marido y el instinto de estar cerca de mi hijo recién nacido por si me necesitaba. Y qué alivio el volver a esa conexión tan íntima entre madre y bebé.

A pesar de que para mí era una situación incómoda, sabía que para mi marido era aún peor. A pesar de no ser hombre, puedo fácilmente imaginar lo que debe sentirse al estar afuera (al menos durante un tiempo) de una relación tan profundamente emocional. Luego con el pasar de los años la relación con nuestros hijos va cambiando a medida que pasa por todas las etapas de la vida, especialmente durante la adolescencia. Como los adolescentes necesitan espacio para crecer, y muchos padres sentimos reticencia en dejarlos ir, éste es un período de conflicto y distancia. Lejos quedaron aquellos días en que tomábamos a nuestros hijos de la mano y ellos nos seguían, quizás gritando y pataleando, por no tener otra opción. La adolescencia en cambio es una etapa compleja porque se basa generalmente en un malentendido entre nuestros hijos y nosotros. Mientras que muchos padres estaríamos dispuestos a brindar a nuestros hijos más libertad siempre y cuando nos mantengan informados de sus andanzas, nuestros hijos confunden nuestra necesidad de información con necesidad de control. En consecuencia, muchos de ellos se niegan a cooperar con nosotros, lo que nos vuelve aún más inflexibles y controladores. Por suerte para todos, y tal como nos recuerda Heráclito todo cambia. La adolescencia se acaba y la vida nos enfrenta con otro cambio más: nuestros hijos ya cumplieron dieciocho y se aprestan para irse de casa.

El día en que se van a la universidad --y sabemos que generalmente será por varios años-- nos damos cuenta de pronto de cuán rápido crecieron. Como en esos momentos que preceden a la muerte, tenemos visiones de nuestra vida con ellos en centésimas de segundo y lamentamos quizás no haber sido más pacientes en su lucha por la independencia. Pero ahora ya se van y aún en sus visitas durante las vacaciones, nuestra relación con ellos es diferente, quizás menos íntima y siempre teñida de una triste nostalgia.

Luego se gradúan y los miramos con admiración como a una obra de arte, un éxito que es parte de ellos, parte nuestro, y parte del universo. Ese es el momento en el cual nuestros hijos se vuelven nuestros hijos adultos. ¿Recuerdan ese dicho al comienzo de este capítulo? Así es. Hijos grandes: problemas grandes.

Tal era el caso de Corina, una mujer divorciada de mediana edad, con un hijo adulto profesional. Corina vino a verme no porque la relación con su hijo fuera conflictiva, sino porque era demasiado buena. Como no tenía pareja, Corina se había vuelto co-dependiente de su hijo. A pesar de trabajar como programadora y de tener varias amigas con las que salir, su principal interés en la vida era su hijo. Corina esperaba impacientemente sus llamados y los momentos en los que podían encontrarse. Decidió venir a verme después de una conversación con su hijo en la que él había sido poco amable con ella. Al colgar el teléfono Corina se puso muy ansiosa, casi al punto de sufrir un ataque de pánico. Tal como lo describió, sintió que estaba parada al borde de un precipicio y su hijo muy lejos e indiferente. Era un insoportable sentimiento de soledad. En nuestras sesiones de terapia exploramos su incapacidad de manejar los conflictos con su hijo con mayor serenidad, así como su sensación de que él desaparecía de su vida completamente cuando no estaba presente. ¿Acaso esa sensación estaba ligada de alguna manera a la indiferencia de su madre cuando ella era pequeña?

Los recién nacidos son muy sensibles a las claves del medio ambiente y a como el mundo que los rodea reacciona ante sus necesidades. John Bowlby basó su teoría del apego en la tolerancia y comprensión con la que los niños son aceptados por los que los cuidan. Durante el curso de la terapia, Corina se dio cuenta de que esto no había ocurrido en su infancia y de que el apego entre ella y su madre había sido frágil en el mejor de los casos. Como resultado ella había transferido ese sentimiento de abandono en su hijo, con el resultado de que cuando discutían ella sentía que él desaparecía de su vida. Cuando Corina pudo comprender que ese sentimiento de abandono era generado por ella y no tenía asidero en la realidad (por el contrario, su hijo se preocupaba mucho por su madre), le sugerí que empezara a volverse más independiente emocionalmente de él. Decidimos poner en práctica una intervención conductista según la cual ella no debería llamar a su hijo tan a menudo y debería espaciar sus visitas, por lo menos durante un tiempo. A pesar de que al comienzo le resultó muy difícil poner en práctica mis sugerencias, Corina pudo finalmente interesarse más por su trabajo y su vida social, y así depender menos de la atención de su hijo.

A pesar de que nunca tuve oportunidad de conocerlo, no me cabe duda de que el cambio en la actitud de su madre hacia él le produjo al hijo una agradable sensación de alivio. En uno de nuestros últimos encuentros le pregunté a Corina qué había cambiado en su relación con su hijo ahora que la terapia estaba llegando a su fin. Sin siquiera pensarlo se sonrió y me contestó: Volví a encontrar mi centro. Ya no dependo de los demás para sentirme bien.

TODO FLUYE

HERACLITO

Leer el libro de Pema Chodron *Los Lugares que nos Atemorizan* me recordó la famosa frase de Heráclito (y las enseñanzas de Buda) sobre la falta de permanencia de las cosas. En su libro, Pema Chodron trae a colación las tres características de la vida humana que según el Buda son la falta de permanencia, la inexistencia de un Yo y la inevitabilidad del sufrimiento.

No deja de sorprenderme el hecho de que si bien en el universo nada permanece, nosotros los seres humanos sentimos en general una gran aversión hacia el cambio y estamos mal equipados para comprender que, en realidad, lo único real es el momento presente. De hecho la autora agradece al Buda el habernos hecho notar que la vida está en continuo movimiento, y que las personas que nos rodean y las situaciones en las que nos encontramos son totalmente imprevisibles: hoy están, mañana desaparecen. Es nuestra tendencia a querer controlar los acontecimientos de nuestra vida y nuestra necesidad de permanencia la que genera nuestro sufrimiento existencial.

Tal como afirma Pema Chodron, la vida es en realidad un permanente estado de transición (valga la paradoja) en el cual nada es controlable. Nuestra principal tarea de reflexión debiera ser la de aprender a sentirnos cómodos en el cambio.

Tengo que admitir que el libro me produjo cierta ansiedad ya que en su definición de lo que es la vida humana no hay lugar para refugios de ningún tipo. En otras palabras, la tarea espiritual del ser humano debería ser no sólo adaptarse a la idea del constante cambio, sino la de cuestionarlo todo, hasta las mismas teorías espirituales. Buda mismo nos instaba a no mirar el dedo que señala la luna sino a la luna misma.

Pero no todo es negativo en la teoría de la falta de solidez de los fenómenos, ya que no sólo los buenos momentos de nuestra vida fluyen sino también los malos. Este paradigma es sumamente útil en los casos de depresión prolongada. La depresión se alimenta mayormente de esquemas mentales negativos, tales como por ejemplo que nada va a cambiar, que todo seguirá igual en nuestra situación de vida.

Recuerdo el caso de una paciente de mediana edad que vino a verme después de su divorcio porque no lograba deshacerse de la melancolía que le había quedado después de su ruptura matrimonial.

_Me despierto a la mañana y me cuesta levantarme de la cama, solía decirme Cari.

_ ¿Qué es lo primero que piensas a la mañana cuando te despiertas? le pregunté un día.

_Que nada tiene sentido, que nada va a cambiar...

Cari tenía en ese entonces 65 años. A su edad era aún interesante, pero emanaba una gran soledad. Nuestro objetivo terapéutico a lo largo de seis meses de tratamiento fue el de darle una vuelta de tuerca a sus estructuras mentales negativas para generar en Cari la idea de que nada sigue igual, jamás, ni siquiera nosotros mismos. Cuando una paciente en la situación de Cari viene a terapia en general se pasa horas hablando del pasado y de cómo las cosas hubieran podido ser diferentes si sólo hubiera actuado de otra manera. El paciente también está esperando que el terapeuta diga cosas como: *¿Cómo sabes que tu vida amorosa se acabó?* La soledad y la desesperanza del paciente pueden convertirse en una trampa para el terapeuta ya que resulta muy tentador consolarlo mediante la esperanza en un futuro mejor.

En mi caso trato de no jugar el rol de una astróloga. Mi objetivo terapéutico en casos como éste consiste en poner el pasado y el futuro en perspectiva y en ayudar al paciente a sobreponerse a su depresión no mediante un optimismo fácil sino adaptándose a los cambios de la vida. La vida es impredecible y nunca sabemos lo que nos espera. Sin embargo, en una sociedad que pone tanto valor en las apariencias, es cierto que las posibilidades de encontrar otra pareja para una mujer como Cari son escasas.

Desde mi punto de vista, es mejor encarar la depresión sabiendo que hay grandes posibilidades de que una paciente como ella termine su vida viviendo sola que generar en el paciente expectativas poco realistas. En mi trabajo terapéutico para superar este tipo de pérdida, prefiero concentrarme en la importancia de gozar del momento presente y de lo que éste ofrece y no en alimentar la esperanza de la venida de un príncipe azul. En este tipo de situación la cita de Heráclito es muy útil ya que ayuda a los pacientes a despojar el pasado de la importancia exagerada que adquiere en su mente.

Nuestra mente nos juega trampas al quedar estancada en el pasado cuando el pasado ya no existe ni nosotros somos los de entonces. Ni siquiera las células de nuestro cuerpo son las mismas ya que van cambiando continuamente. Es sólo cuando nos damos cuenta de que la única cosa que poseemos es el presente (el futuro sólo se basa en especulaciones) que podemos empezar a dar vuelta la página del pasado para siempre y a gozar del día de hoy.

Transformar el hábito de anclarnos en el pasado no es tarea fácil. Somos animales de costumbre y todo lo que es novedoso nos provoca una sensación de vacío y de ansiedad, especialmente porque el cambio es también pérdida. Enfrentarnos con lo nuevo y la no permanencia exige valentía y fe en que la vida nos llevará allí donde tenemos que ir.

Todos conocemos a fondo nuestra vida. A pesar del dolor de nuestras pérdidas, en el fondo sabemos que los cambios que sufrimos fueron cambios necesarios. Son precisamente esos cambios los que nos enseñaron las cosas que teníamos que aprender. Si somos capaces de aceptar y de adaptarnos al cambio, nuestra vida fluirá sin interrupciones. De lo contrario, quedara estancada para siempre.

RECUERDA LOS MOMENTOS FELICES

Y ANDA

La otra noche estaba viendo una película rumana, *El Día Antes de Navidad,* que trata de un hombre casado que se enamora de la dentista de su hija. A pesar de que la historia no es algo que nunca hayamos escuchado antes, el guión refleja muy bien los conflictos psicológicos de los protagonistas. Por el otro lado, la actuación es extremadamente convincente. Incluso la joven actriz que hace de hija parece no haber tenido dificultades en compenetrarse con su papel.

Cuando la película empieza, la relación extramatrimonial del marido tiene meses de duración, pero él no parece aún listo para romper su matrimonio... hasta el día antes de Navidad cuando por fin decide confesarle a su mujer que se enamoró de otra. La escena donde el marido admite su relación extramatrimonial es devastadora, no sólo porque la esposa nunca sospechó que su marido la estaba engañando (en realidad los protagonistas parecen tener un matrimonio estable), sino porque ella siente y le dice que él ha arruinado su vida.

Por alguna razón estas palabras me quedaron impresas incluso largo tiempo después de haber terminado de ver la película, quizás porque en su sencillez expresan un profundo sentido de pérdida. La confesión del marido, así como su decisión de dejar el matrimonio, enfrentan a la mujer en una fracción de segundo a la desolación que genera la ruptura de una relación. La primera reacción del espectador ante este tipo de situación es pensar que es exagerada y que, con el tiempo, la esposa que es aún joven se recuperará de su pérdida y empezará de nuevo. Sin embargo, sus palabras no parecen palabras meramente dichas en un momento de ira, Creo definitivamente que la sensación de un futuro perdido es real y que aquellos que han vivido este tipo de situación lo conocen bien.

Tengo que admitir que cada vez que tuve que enfrentarme con este tipo de crisis en el consultorio, tuve dificultades en encontrar palabras que contuviesen adecuadamente el estado de ánimo de mis pacientes, especialmente si se trata de una mujer de mediana edad. Después de invertir tantos años en un matrimonio y en criar a los hijos, llegar a un punto en la vida en el que en vez de recoger los frutos de sus esfuerzos una mujer escucha a su marido decirle que se quiere ir del hogar es una píldora muy difícil de tragar. Como me dijo una paciente hace poco:

_Este tipo de traición es como invitar a mi mejor amiga a mi casa y descubrir que me robó dinero de la cartera.

En mi calidad de terapeuta, me costó mucho encontrar palabras que aliviaran de alguna manera el profundo sufrimiento de mis pacientes. Me llevó años de práctica y muchas historias de traición descubrir las palabras que me permitieron llegar hasta el corazón de las mujeres que me venían a ver. Comprendí que para superar este dolor era necesario aprehender la situación de manera más positiva. Intuí que la principal meta de mis pacientes debería ser no odiar a sus ex conyuges.

Todos sabemos que odiar a otro sólo nos lastima a nosotros al mismo tiempo que nos mantiene encadenados a un pasado que ya no existe. Así que después de dedicar varias sesiones en analizar al detalle la situación del paciente, les doy la siguiente tarea: buscar una vieja foto de tiempos más felices y mirarla con atención. Conectarse con sus ex conyugues a través de recuerdos felices ayuda a mis pacientes a comprender que la persona de la que se enamoraron es la persona en la foto, no aquella que las traicionó y las abandonó. El que las dejo es un extraño. Si analizamos los conflictos de nuestra vida desde este punto de vista, el resentimiento que sentimos hacia aquellos que nos hicieron daño desaparece y aparece la necesidad de apreciar los buenos momentos compartidos.

Debo admitir que los pacientes que aceptaron esta interpretación de los hechos fueron pocos, quizás porque los seres humanos tendemos más a odiar que a perdonar. Nunca dejé de enfatizar que el daño que les había sido infligido era real y que quedaría para siempre grabado en su memoria. Sin embargo, les recordé que era necesario comprender que el perdón era la única manera de abrir la puerta del infierno en el que se habían encerrado.

DIOS DAME LA SERENIDAD PARA ACEPTAR LAS COSAS QUE NO PUEDO CAMBIAR; LA VALENTIA PARA CAMBIAR LAS COSAS QUE PUEDO CAMBIAR; Y LA SABIDURIA PARA VER LA DIFERENCIA.

R. NEIBUHR

Hace algunas semanas, una mujer de mediana edad vino a mi oficina quejándose de depresión. Se había divorciado hacía cuatro años y se estaba empezando a preocupar por lo que aparentaba ser un duelo prolongado. Su marido la había dejado para casarse con una mujer más joven porque, según sus palabras, quería de la vida otra oportunidad. A mi paciente, que ahora tenía 59 años, le estaba costando mucho adaptarse a su nueva realidad. A pesar de que la relación con su ahora ex marido no había sido de las mejores, ambos habían conformado un buen equipo criando dos hijas magníficas, ahorrando dinero para el retiro, y alcanzando un cierto estatus en la ciudad en la que vivían.

La historia de Estela, así se llamaba, me confirmó una vez más que la tasa de divorcios en la mediana edad aumenta cada día, probablemente debido al hecho de que la gente hoy vive más tiempo. Cuando los hijos se van de casa, muchos matrimonios dejan de tener metas comunes. A pesar de que en ciertos casos el divorcio es una salida apropiada, a menudo la gente olvida que aún los buenos matrimonios padecen de crisis periódicas. Tal como el logograma chino de la palabra lo explica, una crisis es un momento crucial cuando una determinada situación empieza a cambiar. Como resultado nos encontramos frente a una bifurcación en el camino y dos opciones saltan a la vista: adaptarnos al cambio o no adaptarnos e irnos.

Para muchos de nosotros, especialmente si estamos conviviendo con un cónyuge que se volvió frío y a veces abiertamente hostil, nuestra primera reacción es empezar a soñar con conocer otra persona. Lamentablemente, encontrar a otro/a compañero/a de mediana edad compatible con nosotros es hoy en día tan difícil que ni en las películas somos testigos de finales tan felices. Y lo que ocurre la mayoría de las veces es que el cónyuge que abandona el hogar a la búsqueda de una vida mejor termina arrepintiéndose de esa movida para siempre. Esto es exactamente lo que le comenté a mi entristecida paciente.

_Es posible --me contestó--. Pero saberlo no alcanza para cicatrizar la herida que mi ex marido dejó abierta en mi vida.

Esto yo ya lo sabía. Mi intención era disipar en ella la idea que todos tenemos que los demás tienen una vida mejor que la nuestra. Cada uno de nosotros se enfrenta a crisis existenciales, no importa cuán ricos, famosos o hermosos seamos.

En su segunda sesión le pedí a Estela que comprara un diario para empezar a escribir notas sobre sus sentimientos, sus proyectos, y acerca de aquellos pensamientos negativos que generaban su depresión. Ella accedió y a la sesión siguiente vino armada de un diario en cuya tapa se leía el famoso mantra de Alcohólicos Anónimos: *Dios dame la serenidad para aceptar lo que no puedo cambiar; la valentía para cambiar lo que puedo cambiar; y la sabiduría para ver la diferencia.*

Como sabía que Estela no tenía problemas de adicción, le pregunté qué la había motivado a comprar ese diario. Ella me explicó que sin fe en un Poder Trascendente no sería capaz de transformar su vida de ninguna manera. Tenía que convencerse de que las cosas que le habían ocurrido tenían un propósito, que gozaba de protección divina, y que, con el pasar del tiempo, entendería por qué la vida la había puesto a prueba de esa manera.

A pesar de no ser una terapeuta de orientación religiosa, creo que todo lo que ocurre en nuestras vidas tiene una razón de ser. En mis propios momentos de crisis siempre he sentido una Presencia Trascendente cerca de mí ayudándome a tomar las decisiones correctas, induciéndome a acercarme a las personas apropiadas, y motivándome a leer los libros necesarios. Haciendo acopio de mi propia experiencia y la de mis pacientes, empecé a guiar a Estela en su nueva jornada. Al escribir cada día sobre sus pensamientos y sus sentimientos, su diario se convirtió en un puente hacia sus procesos inconscientes. Empezó a conocerse mejor y gradualmente los hechos de su vida se volvieron más transparentes.

Después de leer sus propias notas mi paciente pudo darse cuenta de cómo la decisión de su marido de dejarla también había sido su decisión de dejarlo ir. Ya no era una víctima de las circunstancias sino una activa participante de sus experiencias de vida. Comprender esto fue lo que la ayudó a aceptar la pérdida sufrida así como lograr la serenidad que tanto anhelaba.

¿VIVIR LA VIDA SEGUN NUESTRAS PREFERENCIAS O SEGUN NUESTROS PRINCIPIOS?

El otro día estaba escuchando la radio en mi automóvil. De pronto, mientras buscaba una estación de música clásica, el dial se detuvo en una emisora de asuntos religiosos en los que un pastor arengaba a la congregación sobre cómo llevar una vida de buen cristiano. Como el tema no me interesaba en absoluto decidí cambiar de estación. Pero cuando estaba a punto de hacerlo escuché que el pastor le preguntaba a la audiencia:

_ ¿Cómo hay que vivir la vida, según nuestras preferencias o según nuestros principios?

Algo me dijo que el tema valía la pena ser escuchado, especialmente porque yo me había hecho la misma pregunta miles de veces. En ese momento recordé cuán a menudo pacientes me habían preguntado mi opinión con respecto de si ellas o sus cónyuges tenían el derecho de romper un matrimonio que ya no los hacía felices. La pregunta en general tenía que ver con si tenemos o no el derecho de romper un contrato matrimonial a sabiendas que vamos a generar dolor en las personas que nos rodean. Esta siempre me había parecido una pregunta con múltiples respuestas. Por un lado el matrimonio es como comprar una casa, y una vez contraída una hipoteca uno no deja de pagar la deuda porque la casa le dejó de gustar. Pero por el otro existe la posibilidad de vender la casa, pagar la hipoteca, y comprar otra que nos agrade más. Hay sin embargo una diferencia fundamental entre un matrimonio y una hipoteca y es que un matrimonio no se basa en ladrillos sino en sentimientos. Cuando una familia se deshace todos sufren, no sólo los niños. Además, una cosa es cierta y es que es imposible basar nuestra felicidad sobre el dolor ajeno. La energía negativa generada por el dolor que generamos no se disipa ni desaparece. Sigue invadiendo nuestra vida y creando más obstáculos. Como dice la bien conocida frase de Lavoisier: *Nada se pierde, todo se transforma.** Es verdad que el matrimonio, especialmente un matrimonio de muchos años, sufre el desgaste del tiempo y de la convivencia; y cuando los hijos se van, se vuelve mayor la tentación de romper el vínculo y buscar nuevos horizontes. En la mayoría de los casos de separación es uno de los cónyuges el que inicia el trámite mientras que el otro se limita a sufrir las consecuencias. El que tiende a quedarse en general es de la idea que, a menos que se trate de una relación abusiva y riesgosa, en la mayoría de los casos las crisis pueden ser negociadas y resueltas. Sólo hace falta motivación para hacer concesiones y para comprender que el cónyuge tiene otra manera de ver las cosas. Si tenemos la capacidad de toparnos con nuestro cónyuge a mitad de camino y le damos a sus necesidades la misma importancia que les damos a las nuestras, el matrimonio se vuelve realmente un refugio. En cuanto a quién toma la decisión de divorciarse, las estadísticas muestran que hay más mujeres que inician los trámites de divorcio que hombres. Esto quizás se explique porque los hombres son en general más infieles que las mujeres y compensan de esa manera sus frustraciones matrimoniales.

La otra opción es renegociar un nuevo contrato matrimonial de la misma manera que se renegocian las hipotecas. Si aceptamos que nuestro cónyuge es un ser independiente, con sus propias características y sus propios anhelos, (y no alguien que nació para satisfacer nuestras necesidades), no sólo podremos reconciliarnos sino que la pareja puede pasar a una etapa de mayor satisfacción de vida. Un matrimonio sólo debiera deshacerse después de haber agotado todas las posibilidades de reconciliación.

Cuando el pastor mencionó la diferencia entre vivir según nuestros principios o vivir según nuestras preferencias me vinieron a la mente otras estadísticas: aquellas sobre el nivel de satisfacción de los que se han divorciado y han rehecho sus vidas. Según estudios al respecto, dos tercios de los que se divorciaron no están seguros de haber actuado correctamente e incluso algunos piensan que fue una decisión equivocada, mientras que otro estudio muestra que la gran mayoría de las personas que se vuelven a casar se arrepienten cuando se dan cuenta de que los problemas que tenían en su primer pareja vuelven a aparecer en su segundo matrimonio porque nunca fueron resueltos. Esto demuestra que la vida vivida de acuerdo a los impulsos del momento en general no lleva a buen puerto. Es cierto que vivir según los principios es mucho más difícil y exigente. Pero al final del día, cuando nos esforzamos por vivir con una cierta ética de vida, las recompensas que recibimos son mucho más duraderas.

*El descubrimiento de conservación de la masa de Antoine Lavoisier

CUANDO EL ALUMNO ESTA LISTO EL MAESTRO APARECE

PROVERBIO BUDISTA

La primera vez que leí esta frase, hace mucho tiempo, estaba segura de que un día me toparía con una persona muy sabia a quien podría hacerle todas esas preguntas que yo no me podía contestar. En otras palabras, el maestro era alguien que me enseñaría el difícil arte de vivir. En ningún momento se me cruzó por la mente en ese tiempo que nadie más que yo puede enseñarme a vivir mi propia vida. Me toca a mí la tarea. Esto se volvió evidente una vez más durante el tratamiento de una de mis pacientes. Sonia era una mujer de mediana edad, profesional, y que había estado casada durante muchos años antes de separarse de su esposo por la falta de comunicación entre ambos. Por alguna razón, con el pasar del tiempo su marido se había vuelto muy distante, siendo muy difícil establecer con él comunicación alguna. Pero a pesar de haber sido ella la que había tomado la decisión de separarse cinco años antes, Sonia aún no había podido superar esa profunda sensación de soledad que invadía su vida. Si bien tenía un buen trabajo y un buen grupo de amigos, todavía extrañaba el matrimonio que había tenido que romper. Estaba tan desesperada por encontrar una salida rápida que decidió ir a ver a una astróloga profesional que también era terapeuta. La sesión tuvo lugar por teléfono porque la astróloga vivía en otro estado y fue básicamente una explicación de la carta natal de Sonia. Más tarde, cuando Sonia me contó sus impresiones sobre la sesión, me dijo que se había quedado asombrada por la precisión que había mostrado la astróloga al describir su niñez y los rasgos de su personalidad. Sin embargo, lo que más la había impresionado fue cuando la astróloga le dijo que había entrado en una nueva etapa de su vida en la que tendría experiencias extrasensoriales. Cuando Sonia le preguntó qué clase de experiencias extrasensoriales, la astróloga le contestó que tendría sueños premonitorios. A Sonia la respuesta le pareció sorprendente porque desde su separación dormía muy mal, no soñaba, y se levantaba siempre cansada. Así que después de un tiempo la sesión con la astróloga cayó en el olvido.

Un día, poco antes de su cumpleaños su ex marido la llamó por teléfono para pedirle un documento, y antes de cortar le dijo que la llamaría para felicitarla el día de su cumpleaños. De más está decir que dicha conversación tuvo sobre Sonia un profundo efecto, no porque quisiera a su marido sino porque le recordó la vida en pareja. No más sentimientos de soledad, ni esa necesidad imperiosa de salir al mundo a buscar diariamente compañía. Es cierto, se dijo, que su marido era un hombre difícil y que una relación con él traía aparejadas muchas complicaciones. ¿Pero acaso eso era peor que no tener relación alguna? Si estaban juntos por lo menos podrían tratar de mejorar la comunicación entre ambos, se dijo.

La noche antes de su cumpleaños, Sonia se sintió muy cansada y se fue a dormir temprano. Esa noche tuvo un sueño extraño. Soñó que *tenía que llamar a su marido pero que no tenía teléfono. Si bien se encontraba en compañía de varias personas, ninguna le quiso prestar el suyo. Finalmente cuando encontró a una mujer que se lo prestó, le fue imposible discar el número. Desesperada Sonia pensó en cómo se enojaría su marido si ella no lo llamaba.* Luego despertó.

El día de su cumpleaños, cuando su marido la llamó por teléfono ella estaba hablando con una amiga. Tomó la llamada en espera y le dijo a su esposo que lo llamaría más tarde. Menos de dos minutos después se despidió de su amiga y lo llamó, pero él no contestó el llamado. Lo llamó una segunda vez también sin resultado. En ese momento Sonia recordó su sueño y comprendió su significado: la visión de una vida en común era un espejismo. La comunicación entre ambos era inexistente.

Cuando Sonia me contó este incidente durante una sesión de terapia me sorprendió que el sueño hubiera representado tan exactamente lo que ocurriría al día siguiente. Pero lo que más me asombró fue que Sonia lo recordara y lo entendiera. En otras palabras, cuando la enseñanza tuvo lugar la alumna estaba lista para aprenderla.

¿COINCIDENCIAS O DIVINA SINCRONIA?

Se dice que los caminos de Dios son misteriosos y que tenemos que tener fe en cómo se desarrolla nuestra vida. Por más difícil que sea la situación en la que nos encontramos, tarde o temprano la vida nos demostrará que siempre estamos allí donde tenemos que estar. Para aquellos de nosotros que creemos en la perfección del Universo, este saber nos infunde la fuerza para tolerar los malos momentos. Cuando estamos en el medio de una tormenta, la esperanza es lo que nos ayuda a nadar hasta la otra orilla. Por el contrario, si nos invade la desesperanza, nuestra vida parece vacía y carente de sentido.

Como mencioné en mis escritos anteriores, siempre fui una persona espiritual que nunca dudó de la existencia de un Poder Trascendente. Siempre tuve la impresión de que la realidad que me rodeaba no lo era todo. *La vida no puede limitarse a esto*, me dije más de una vez. Y a lo largo de los años tuve la suerte de poder percibir en mi vida las señales inequívocas de una presencia divina.

En realidad, estas señales están presentes en las vidas de todos; sólo es cuestión de descubrirlas. En mi caso tuve cuidado de tomar nota de estos mensajes para poder releerlos en aquellos momentos cuando más necesité recuperar la fe. Hoy quiero compartir una de esas señales con mis lectores porque sé que ayudará a otros a desechar la desesperanza. El hecho sucedió hace algunos años cuando estaba almorzando junto a unos colegas frente a la oficina. En ese tiempo me sentía muy frustrada con mi trabajo a causa de un nuevo jefe, joven y sin experiencia, cuya tendencia era la de supervisarnos sin parar. Estábamos todos exasperados.

Ese día un grupo de colegas decidimos ir a almorzar a una cafetería frente al edificio en el que trabajábamos. El lugar era inmenso y tenía algunas mesas al aire libre. Corría el mes de mayo y la temperatura era tan deliciosa que decidimos ocupar la única mesa que quedaba libre afuera. El restaurante era un bufete auto-servicio y, como no sentía demasiado hambre, dejé que mis colegas fueran a buscar su almuerzo antes que yo. Mientras los esperaba cerré los ojos como si estuviera en la playa. Me invadió una sensación de libertad tan profunda que, por un momento, deje de escuchar las conversaciones a mi alrededor.

De pronto una voz en francés haitiano me volvió a la realidad, y escuché alguien preguntarme por una dirección. Abrí los ojos para ver delante de mí una mujer haitiana cubierta en transpiración y muy agitada. La miré y luego miré a la gente a mí alrededor para constatar que, a pesar de que la cafetería estaba repleta, por alguna razón la mujer me había elegido a mí de interlocutora.

Quise preguntarle cómo sabía que yo hablaba francés pero no lo hice. La mujer parecía demasiado preocupada y necesitada de ayuda inmediata.

_Estoy perdida --me dijo-. Necesito encontrar esta dirección, agregó dándome un pedazo de papel.

Miré la dirección que me había dado y pregunté a la gente a mi alrededor si alguien sabía adónde quedaba. Unos jóvenes sentados en la mesa de al lado me dieron indicaciones que yo traté de transmitirle a la mujer. Le dije que la dirección era cerca pero demasiado lejos para ir a pie, y preguntándole al mismo tiempo si tenía medio de locomoción. Me contestó que no sin dejar de mirarme angustiada.

_Acabo de llegar a Miami y tuve la suerte de que me dieran una entrevista de trabajo en un centro de almacenamiento --me explicó--. Tengo que estar allí a la una, terminó diciendo casi en un suspiro.

Para ese entonces eran las 12.30. La miré y no pude dejar de percibir su desesperación. Yo sabía lo que sentiría si a media hora de una entrevista de trabajo no sabría para donde agarrar. Ella me siguió mirando sin osar pedirme que la llevara, y a pesar de ser yo consciente de los peligros de dejar subir a una extraña a mi automóvil en Miami, supe que no tenía otra opción.

_Yo la llevo, le dije con la certeza de estar haciendo lo correcto.

Después de dejar saber a mis colegas hacia donde me dirigía, fui con la mujer hasta mi automóvil. Al cabo de veinte minutos de búsqueda llegamos hasta el lugar que la mujer estaba buscando. Se preparó para apearse del automóvil, pero antes de bajarse me miró y me dijo:

_Dios le pagará por lo que hizo hoy.

Le deseé suerte en la entrevista y volví a la oficina.

Una semana después de este incidente estaba yo almorzando en la cocina de la oficina cuando una de mis colegas entró y empezó a buscar su almuerzo en la refrigeradora. La conocía desde hacía muchos años por haber trabajado juntas en varios lugares. Ella estaba tan frustrada como yo en su trabajo actual, pero había decidido renunciar y abrir su propia práctica privada.

_ ¿Hay un nuevo puesto en HG? ¿Lo viste? me preguntó sin demasiados preámbulos.

-¿Dónde? ¿Cuándo? le pregunté casi en un grito.

-_En Job.com. ¿Por qué no llenas la solicitud?

Había deseado trabajar para HG durante tantos años que casi ni podía creer lo que estaba escuchando. Años atrás esa empresa me había ofrecido un puesto que había decidido no aceptar porque, en ese momento de mi vida, mi prioridad era la familia. Ahora ya no tenía esas responsabilidades y el sólo pensar en trabajar para una empresa como HG me hacía agua la boca. Sin siquiera terminar mi almuerzo me senté frente a mi computadora y llené la solicitud para el puesto. Eso fue un miércoles. El viernes me llamaron para una entrevista y dos semanas después me ofrecieron el trabajo.

De más está decir que aún recuerdo la bendición de la mujer haitiana. Pero lo que más me quedó grabado fue que, de haber ido a almorzar a la cocina de mi oficina a una hora diferente, no me hubiera topado con la colega que me dio la información sobre el nuevo trabajo. De la misma manera, quizás la mujer haitiana aún se pregunte qué la indujo a acercarse a mí en vez de mis vecinos de mesa. Algunos podrán aducir que se trata de meras coincidencias. Yo prefiero ver en esta sucesión de eventos una sincronía divina.

IR CON LA CORRIENTE

HERACLITO

Estaba leyendo el otro día una entrevista a un psicoanalista latinoamericano. El leitmotiv de la conversación era que tarde o temprano el dolor hace ingreso en todos los hogares y que debemos aceptar lo que nos ocurre. Yo iría aún más allá y agregaría que la mayoría de los problemas de la vida son generados por nuestra dificultad en adaptarnos al cambio y a la pérdida.

Ya en el siglo quinto AC Heráclito de Efesos, un filósofo presocrático, afirmó que *no se puede cruzar el mismo río dos veces*. En otra región del mundo Buda dijo lo mismo en las Cuatro Nobles Verdades cuando afirmó que los fenómenos carecen de permanencia y que el apego a las situaciones, las personas y los objetos conlleva sufrimiento. De la misma manera, en un tiempo histórico más cercano el Manual de Diagnosis y Estadísticas de los Desórdenes Mentales (también conocido como el DSM V) incluye una sección denominada Desórdenes de Adaptación. Estos son desórdenes que tienen que ver con nuestra incapacidad de adaptación a los cambios significativos de la vida.

¿Por qué es tan difícil para la mayoría de nosotros adaptarnos a los cambios de nuestra vida?

En general, los cambios tienen que ver con la pérdida de lo que nos es conocido y familiar. Recuerdo haber leído hace varios años *Pérdidas Necesarias* de Judith Viorst, un libro que me abrió los ojos a la triste realidad de que la vida es en efecto un ejercicio en flexibilidad y aceptación. En otras palabras, el objetivo principal de la vida consiste en la difícil tarea de aceptar la falta de permanencia de las situaciones. Todos tendemos a sentirnos más seguros en un medio ambiente familiar y entre rostros conocidos. Para la mayoría de nosotros un terreno desconocido y rostros extraños significan riesgo.

Pero es en la segunda parte de la vida cuando las pérdidas y los cambios se vuelven más significativos y dolorosos. En mi calidad de terapeuta, puedo atestiguar que una gran mayoría de los pacientes que me vienen a ver son personas de edad mediana que tratan desesperadamente de adaptarse a los cambios ocurridos en sus vidas.

Recuerdo una de estas pacientes, Odile, no tanto porque sus problemas fueran diferentes a los de otras mujeres de su edad, sino porque tenía más dificultades en aceptar la pérdida. En psicología llamamos este fenómeno duelo prolongado y sus características más salientes son la falta del sentido de la vida y la desesperanza.

Odile me había sido derivada por una de mis pacientes más antiguas, que era su amiga de infancia. Había estado casada durante 35 años con un médico con quien había tenido tres hijos. Como no era profesional, cuando los hijos empezaron a ir al colegio Odile decidió hacer trabajo voluntario con enfermos terminales. Entre sus varias tareas y las citas sociales de su marido, Odile ni se percató de que a medida que pasaba el tiempo su matrimonio se estaba desmoronando.

El tiempo fue transcurriendo y cuando el último de sus hijos partió hacia la universidad, el marido de Odile le confesó que era homosexual y que se había enamorado de un hombre hacía cuatro años. Ahora que los hijos se habían ido, dijo, había llegado el momento de poner fin a un estilo de vida básicamente deshonesto. A pesar de que Odile había abrigado sospechas de que su marido estaba teniendo una relación extramatrimonial, nunca imaginó que fuera con otro hombre. El descubrir que había estado casada con un hombre homosexual durante tantos años enfrentó a mi paciente con la ardua tarea de definir quién era ella realmente y el porqué de las decisiones que había tomado a lo largo de su vida. Sus hijos, por el otro lado, también tuvieron dificultad en aceptar que su padre fuera gay, lo que hizo que el proceso de adaptación de Odile fuera aún más complicado.

Cuando Odile vino a verme habían pasado cuatro años desde que su ex marido le confesara su orientación sexual. Inmediatamente después de la ruptura ella había ido a ver a un psiquiatra para que le recetara un antidepresivo, pero había estado renuente a ver a un terapeuta. Empezar a explorar territorio desconocido le producía demasiado temor en ese momento, así que decidió posponer la terapia. Sin embargo, a medida que transcurría el tiempo Odile empezó a sentirse deprimida e irritable, básicamente porque le costaba aceptar que su vida había cambiado para siempre y que tenía que descubrir una nueva manera de vivir.

Cuando vino a verme pasamos muchas sesiones hablando de su dificultad en aceptar la realidad de su situación actual. Incluso su cuerpo, a través de frecuentes dolores de estómago, le enviaba el mensaje de que tenía que aprender a digerir el trago amargo que la vida le había deparado. Odile comprendía perfectamente que no tenía otra opción que la de mirar hacia adelante y empezar a andar un camino nuevo. Sin embargo, seguía dando vuelta la cabeza hacia atrás y fantaseaba con soluciones mágicas.

_La persona de la que te enamoraste no existe más --le dije en el curso de una sesión--. Incluso la persona que tú eras en ese momento ya no existe.

Ella sabía que yo tenía razón, pero era demasiado doloroso aceptarlo y aún más difícil soltar las amarras del pasado.

Finalmente, después de muchas horas de terapia Odile logró aceptar la idea de que los cambios que ocurren en nuestra vida tienen una razón de ser. No se trata de situaciones aisladas sino que forman parte de la trama de nuestra existencia. Podemos resistir el cambio con todas nuestras fuerzas, pero en última instancia es inútil.

En cambio si seguimos los preceptos taoístas de *El Camino* aprendemos a ir con la corriente de la vida en vez de esforzamos inútilmente en remar en contra. Esta actitud nos ayudará a apreciar lo que poseemos en vez de lamentar lo que hemos perdido.

Nota: El taoísmo se origino con Lao Tzu, nacido alrededor de 604 AC. Lao Tzu escribió *Tao Te Ching o El Camino y su Poder,* texto básico del pensamiento taoísta.

EL INFIERNO SON LOS DEMAS

("A PUERTAS CERRADAS")
J.P. SARTRE

Hace muchos años leí un artículo sobre divorcio en el que la autora, que había vivido la ruptura de su matrimonio, decía que en situaciones como ésa lo más difícil es lidiar con los demás. En ese momento yo tenía escasa experiencia como terapeuta y me pareció que se trataba de una premisa demasiado extrema. Pero no sólo carecía yo de experiencia clínica, sino que además era una idealista empedernida, convencida de que cuando atravesamos un período de crisis en la vida los demás corren a ayudarnos a superar la pérdida. Es cierto, J.P. Sartre ya había mencionado el hecho de que no podemos esperar demasiado en los demás. Al contrario. Pero yo no logré aprehender ese concepto sino hasta muchos años más tarde.

Cuando Sandra llegó a mi oficina era evidente que estaba atravesando por un mal momento en su vida. Sin embargo, y a pesar de su aire preocupado, era una interesante mujer de edad mediana que no tenía ninguna dificultad en expresar su desilusión e incluso su ira.

Sandra había estado casada por 31 años con un hombre que se había vuelto muy exitoso. A pesar de ser contadora, la mayor parte del tiempo ella había trabajado sólo a tiempo parcial porque había querido ocuparse de su hija. Mientras tanto su marido había invertido el ochenta por ciento de su energía en construir un sitio web que se había convertido en un gran éxito y que los había vuelto muy ricos. Como muchas mujeres que conozco, Sandra había dedicado su vida a su familia y especialmente había volcado mucha energía en ayudar a su esposo a organizar su red social. En otras palabras, se había convertido en una suerte de mujer orquesta a fin de satisfacer las necesidades de ambos, su hija y su marido. A pesar del hecho de estar ahora divorciada, ella me aclaró que nunca había lamentado haberse dedicado a su familia.

_Las cosas no siempre ocurren como uno quisiera --suspiró--. Pero no he venido a verte para hablarte de cómo me hubiera gustado que fuese mi matrimonio.

Al escucharla hablar recuerdo haber pensado que no me ocurría muy a menudo oír a un paciente expresarse de esa manera. En general vienen a verme para quejarse de cuán diferente resultó su realidad de lo que habían imaginado. De inmediato intuí que éste sería un encuentro terapéutico diferente, que me obligaría a escarbar concienzudamente en mi filosofía de la vida.

_Estoy aquí para hablar de algo que me ocurrió hace un tiempo con una amiga y que me hizo pensar que la vida es realmente una jornada solitaria. --dijo--. Pero voy a empezar por el principio. Hace muchos años, cuando era adolescente, una amiga me dijo que la gente realmente no nos quiere. En ese tiempo pensé que su comentario era una mera exageración, quizás producto de sus experiencias de vida y que no podía aplicarse a todo el mundo. Ahora, varios años después, no puedo evitar pensar que mi amiga tenía razón. ¿Tú qué piensas? ¿Tenía razón mi amiga?

La pregunta me tomó desprevenida, especialmente porque era un tema en el que había estado rumiando hacía algún tiempo.

_Es una buena pregunta --le contesté para ganar tiempo--. ¿Pero por qué no me cuentas lo que te pasó de manera tal que juntas quizás podamos llegar a una conclusión satisfactoria?

Sandra estuvo de acuerdo y procedió a contarme que después de que su esposo se fuera de la casa, ella había ido a visitar a su familia a un país sudamericano. Además de su familia, se había reunido con amigas, algunas de ellas personas que había conocido a través de su ex marido y con las que había intimado. Un día, la esposa del amigo de infancia de su ex marido la invitó a almorzar, pero antes de ir al restaurant le pidió pasar por el atelier de una pintora amiga suya. Sandra aceptó gustosa y cuando llegaron al atelier, la pintora se acercó para saludarlas. En ese momento su amiga la miró y en vez de presentarla le preguntó:

_¿Con qué nombre te presento?

En realidad, Sandra recién se había separado y aún no se había divorciado. Como es natural seguía usando el nombre de su marido. Por el otro lado, ocurre a menudo que durante la época de separación inicial los integrantes de la pareja alimenten la esperanza de volver a reunirse y ni piensen en divorciarse.

Sandra hizo una pausa y me miró como esperando que yo hiciera algún comentario sobre lo que acaba de contarme. Me quedé en silencio porque hay situaciones en la vida que llegan tan al fondo del alma que vuelven inútil cualquier comentario. La humillación es tan profunda que es mejor quedarse en silencio y escuchar atentamente. Sandra siguió hablando:

_En ese momento recién me había separado de mi esposo y me costaba mucho aceptar que se hubiera ido --dijo--. Había aceptado la invitación de esta amiga a almorzar con la esperanza de poder compartir con ella mi pena y que ella de alguna manera me consolara. Por el contrario, me encontré almorzando con el enemigo. Hasta me agarró una terrible contractura en la nuca, agregó.

Sí. Cuando el dolor es tan profundo, las palabras resultan inútiles.

_ ¿Pudiste decirle después a esta amiga que su comentario te había dolido ya que ella conocía tu nombre perfectamente? pregunté al cabo de un rato.

_No. Me sentía tan herida que tenía miedo de empezar a llorar y no quería darle esa satisfacción.

Acto seguido Sandra me contó que, durante el almuerzo, su amiga le había comentado que ella le había sugerido a su marido que empezara un sitio web así él también podría volverse rico como el marido de Sandra.

_Cuando empezó a hablar de su marido creando un sitio web se me hizo la luz. La envidia saca lo peor de cada uno y nos impide tener compasión del que está sufriendo. Al final mi amiga de la adolescencia tenía razón.

Después de innumerable horas de terapia con pacientes y a partir de mi propia experiencia de vida puedo afirmar sin la sombra de una duda que la envidia es un sentimiento muy generalizado, especialmente entre quienes sienten que la vida les dio menos de lo que se merecen. Las personas envidiosas son individuos que se consuelan cuando otros caen en desgracia o cuando, por una razón o por otra, están atravesando por un momento difícil.

_Algunas personas son así --asentí--. Por suerte, otros no lo son. Tienes que concentrarte en aquellos que pueden darte una mano cuando la necesites y dejar que los demás sigan su camino.

Sandra me miró con tristeza pero aliviada. Seguramente le hizo bien corroborar que otro ser humano, especialmente una terapeuta, había vivido su misma experiencia.

_Algunas personas viven vidas poco profundas y están constantemente comparándose con aquellos a quienes aparentemente les va mejor --comenté--. No entienden que necesitan concentrarse en sí mismos y que envidiar el karma ajeno no los ayudará a evolucionar. Es simplemente una pérdida de tiempo de vida. Sandra asintió.

_Piensa en tu vida como un jardín con flores y con yuyos --seguí diciendo--. Para ver los colores tienes que arrancar los yuyos. De la misma manera, a algunas personas podrás darle permiso para estar en tu vida para siempre; otras será mejor dejarlas ir.

¿ES VERDAD? ¿ES COMPASIVO? ¿TIENE ALGUN PROPOSITO?

EL NOBLE SENDERO BUDISTA

La tercera enseñanza del Noble sendero budista es el uso apropiado del lenguaje y tiene que ver con las palabras que usamos cuando nos dirigimos a los demás. Todos conocemos bien el poder de las palabras que, en ciertas situaciones, se convierten en dagas lo queramos o no. A pesar de ser conscientes del peligro de usar las palabras de manera incorrecta, en nuestra vida diaria a menudo olvidamos cuán áspero y dañino puede ser nuestro lenguaje. Este tema salió a relucir durante una sesión con una paciente de hace muchos años, Renata, que se estaba recuperando de un proceso de divorcio muy doloroso.

Renata había estado casada durante 25 años con Giorgio, un empresario de 57 años cuya personalidad narcisista había vuelto la convivencia extremadamente difícil. Renata y Giorgio se habían conocido en su país de origen cuando tenían apenas veinte años, habiendo sido presentados por un amigo en común. En esa época la vida era más fácil, no sólo por la falta de responsabilidades mayores sino también porque cuando somos jóvenes la patología de la personalidad, si es que existe, aún no está del todo desarrollada. En esa época Giorgio era un profesional de informática que buscaba trabajo mientras que Renata todavía luchaba por terminar sus estudios de medicina. Le faltaba un año para completar su residencia de psiquiatría en la que se estaba especializando en niños y adolescentes.

Durante la sesión Renata habló de esos primeros años de su relación con Giorgio como los años más felices de su vida. A pesar de tener personalidades diferentes, lo que recordaba más vívidamente era cuán similares eran los puntos de vista de ambos con respecto a muchos temas, y qué felices eran los fines de semana que transcurrían juntos. Renata estaba totalmente enamorada de Giorgio, además de estar convencida de que había encontrado al hombre de su vida. Es cierto, agregó, que a veces Giorgio había reaccionado con una ira desproporcionada ante ciertas situaciones, pero ella quería tanto a su marido que apenas si podía prestar atención a esos preavisos.

Un día le pedí durante una sesión que me describiera una de las tempranas reacciones de enojo de Giorgio, y ella procedió a contarme lo siguiente:

_Acabábamos de mudarnos a los Estados Unidos cuando recibimos una nota de que nuestros muebles habían llegado de nuestro país de origen y que había que retirarlos en la aduana. En esa época nuestra hija tenía sólo dos años así que decidimos que Giorgio le pediría ayuda a un colega de trabajo mientras yo me quedaría cuidando a la niña. Alrededor del mediodía Giorgio y su colega llegaron a la casa con la carga de muebles. Después de estacionar el camión, Giorgio entró en la casa quejándose de mala manera de que él no tenía por qué estar haciendo esos trabajos y que en media hora tenía que estar en la oficina. Su amigo y yo nos miramos atónitos y en silencio, sin saber exactamente qué pensar de tamaño estallido de cólera. Era obvio que durante el viaje de regreso a casa por alguna razón Giorgio había estado rumiando sobre el hecho de que él había tenido que encargarse de los muebles mientras yo me quedaba en casa, y al llegar estalló. Así, la alegría de haber recibido nuestras cosas y de empezar a vivir en un medio ambiente más confortable y familiar se malogró por su airada reacción.

Mientras recordaba este desagradable incidente, Renata empezó a sollozar en silencio, no tanto por algo que había ocurrido hacía tanto tiempo, sino por todos los incidentes similares que tuvieron lugar a través de los años.

El tiempo fue transcurriendo y con el éxito de los sitios de internet, Giorgio se convirtió en un empresario muy acaudalado. Sin embargo, y como suele ocurrir, la riqueza no llegó sola. Giorgio mismo lo describió en una sesión de pareja:

_El dinero genera en realidad una gran cantidad de problemas, dijo.

Tal como sucede en muchos matrimonios en los que el marido se vuelve poderoso, Giorgio empezó a transcurrir más tiempo en la oficina y menos tiempo en su casa. A pesar de que Renata también tenía éxito en su profesión, su prioridad siempre había sido su familia y por ello transcurría mucho más tiempo en la casa que su marido. A raíz de esta situación y casi sin darse cuenta, ambos fueron distanciándose cada vez más hasta el punto en que Giorgio empezó una relación extramatrimonial con su asistente. Con el dolor en el alma, cuando Renata se enteró decidió divorciarse. Su matrimonio se había estancado tanto y ambos estaban tan lejos el uno del otro que ni siquiera tenían la energía para tratar de arreglarlo.

Después de que el proceso de divorcio hubo terminado y su hija se hubo ido a la universidad, Renata empezó a concentrarse en lo que le quedaba: su profesión. Un día decidió asistir a un seminario en un hospital cercano cuando se topó de pronto con una antigua colega que no veía desde hacía tiempo. Esta le hizo seña con la mano justo cuando el seminario estaba empezando, pero al primer interludio se le acercó para saludarla.

_Hola. ¿Cómo estás? la saludó su colega.

_Bien, contestó Renata.

_Veo que estás trabajando en el Hospital AB, dijo la colega.

_Sí, y muy contenta, asintió Renata.

_Dime... ¿Todavía estás casada? preguntó la colega bajando la voz.

_No, me divorcié de Giorgio hace ya tres años. Fue muy difícil, pero no tenía otra opción, explicó Renata con un pequeño temblor en la voz.

_Ya me parecía porque vi algo…, dijo la colega sin ninguna otra explicación.

Renata aún recordaba lo que había sentido en ese momento.

_Fue como si me hubiera herido con un objeto afilado --explicó durante una sesión, llorando como si el hecho hubiera ocurrido el día anterior. -- Y no estoy hablando metafóricamente --agregó rápidamente--. Yo sentí el metal dentro del cuerpo.

No me tuvo que convencer. Yo sé cómo pueden lastimar las palabras ya que todos hemos pasado por experiencias similares en las que los demás nos dicen palabras dolorosas sin ni siquiera pensar en las consecuencias. A menudo me pregunto qué se necesitaría para volvernos más conscientes del tremendo poder de las palabras. Si cada uno de nosotros fuera más consciente de cómo le hablamos al otro, nuestra relación con los demás, incluso las relaciones más difíciles, no serían los campos de batalla que a menudo son.

En el caso de Renata el daño se hubiera podido evitar si su colega hubiera tenido presente el precepto budista del hablar correcto y que consiste en las siguientes premisas:

1. ¿Es cierto lo que voy a decir?
2. ¿Es compasivo?
3. ¿Tiene algún propósito?

Si la respuesta es no, mejor callarse la boca.

LA SOMBRA JUNGIANA Y EL KARMA

"Si no incluimos a la sombra en nuestra vida cotidiana, no puede existir una relación positiva con otras personas ni con las fuentes creativas del alma; no puede haber una relación individual con lo Divino". (L.Frey-Rohn.)

La sombra reside en la profundidad de nuestro ser. Consiste en todas aquellas tendencias de las que no somos conscientes y que repudiamos o que tememos. Es como si nos miráramos en el espejo pero con una luz tenue de tal manera a evitar ver las arrugas. Definitivamente una luz tenue nos reflejará más favorablemente; sin embargo las arrugas seguirán allí, esperando ser reconocidas.

Pero sería un error describir la sombra en términos puramente negativos. Siendo un aspecto de nuestra personalidad, la sombra debe volverse consciente y sólo se convertirá en un factor negativo si la reprimimos. Lo que quiero decir por factor negativo es que todo aquello que ignoramos acerca de nosotros mismos tarde o temprano se nos enfrenta. En nuestras relaciones con los demás proyectaremos nuestra sombra a fin de que ellos actúen por nosotros lo que nosotros no osamos expresar. Para Jung la sombra tiene que ver con el individuo así como con el inconsciente colectivo. Mientras que nuestra sombra personal se hace palpable en la vida cotidiana, nuestra sombra colectiva se hará palpable en períodos de crisis histórica, durante una guerra o en tiempos de violencia como los que estamos viviendo en este momento.

En este capítulo me concentraré específicamente en nuestra sombra individual y en cómo interfiere en nuestras relaciones con los demás. Una sombra que es ignorada será como un fantasma siempre presente en nuestros asuntos con los otros de tal manera que ninguna de nuestras relaciones con ellos, especialmente las más íntimas, serán auténticas. En otras palabras, no estaremos relacionándonos con otros seres humanos por lo que son sino a través de lo que hemos proyectado sobre ellos desde nuestro inconsciente.

Helena vino a verme por consejo de una amiga. En ese entonces tenía 52 años de edad. Una mujer muy simpática y atractiva, Helena me contó que había estado casada durante 22 años con un médico muy exitoso. Ambos habían tenido un hijo que también estaba estudiando medicina y ya no vivía en la casa. Después de que el hijo se hubo ido del hogar, Helena y su esposo decidieron vivir separados por un tiempo para poder resolver los conflictos que se habían hecho visibles después de la partida del hijo. Y así lo hicieron. Mientras que Helena se quedó en la casa familiar, el marido se mudó a un apartamento que habían comprado para alquilar por temporadas. Sin embargo, una vez mudado, el marido se empezó a alejar cada vez más y no mostró demasiada motivación para reiniciar una terapia matrimonial. Después de tantos años de convivencia se volvió evidente que estaba ávido de libertad y de nuevas aventuras.

A medida que se fue dando cuenta de que la sugerencia de *"estar juntos separados"* había sido una mera excusa para deshacer el matrimonio, Helena empezó a deprimirse severamente, de tal manera que le sugerí que fuera a ver a un psiquiatra para medicación. Helena siguió mi consejo y después de un tiempo empezó a estabilizarse. La energía para empezar a analizar el dolor de la pérdida retornó y empezó a aparecer la luz al final del túnel.

La historia de Helena no me era desconocida. La suya era la típica historia del marido que llega a la mediana edad como un profesional exitoso o como un rico empresario, y de pronto mira a su mujer y piensa que es demasiado vieja y que él se merece algo mejor. Estas tendencias son características de la personalidad narcisista y del temor a la muerte. Me recuerdan a una paciente que en el momento en que su marido se estaba yendo de la casa para unirse a una mujer más joven le gritó: *"Déjame decirte algo: te morirás de todas maneras"*. Desafortunadamente el marido no estaba en grado de escuchar tan siniestro presagio y se fue igual.

Pero volviendo a Helena, no tardé en comprender que su matrimonio estaba terminado y que nuestro tiempo en sesión estaría mejor empleado en tratar de comprender por qué mi paciente se había sentido atraída hacia un hombre tan poco confiable e inmaduro. La terapia de Helena duró varios meses porque además del dolor de la pérdida, quise procesar las proyecciones que ella había hecho en su marido y que explicaban el porqué se había casado con él. Helena me contó que había conocido a su esposo a los 25 años. Siendo originaria de un país latinoamericano en donde los hijos dejan la casa paterna mucho más tarde que en los Estados Unidos, Helena había estado viviendo con sus padres y, en consecuencia, nunca había sido una mujer muy independiente. Su esposo, en cambio, no sólo era de un grupo étnico diferente sino que además había sido criado de manera mucho más independiente por sus padres. No es de sorprenderse que, al conocerse, cada uno se enamorara apasionadamente de su opuesto. Después de todo los opuestos se atraen porque así es como se desarrolla la psique.

Cuando se casaron Helena siguió siendo la mujer protegida que había sido cuando vivía con sus padres. Mientras el hijo fue pequeño, el marido mantuvo la familia y Helena estuvo a cargo de la crianza del niño. Luego, cuando el niño empezó a ir a la escuela, Helena siguió desarrollando su rol de madre sin abrigar ninguna ambición profesional. Ocuparse de la familia la hacía sentir que tenía un propósito en la vida y no tuvo necesidad de explorar otros caminos.

Por el otro lado, su esposo empezó a volverse cada vez más exitoso y a ausentarse más a menudo. Si observamos esta situación desde el punto de vista de que cada uno de nosotros elige a su pareja o a sus amigos para que personifiquen su sombra reprimida, el esposo de Helena definitivamente cumplía ese rol a la perfección. Gracias a él, Helena no sintió la necesidad de volverse independiente y de lidiar con el mundo externo. Él lo hacía por los dos. Pero tarde o temprano nuestra sombra nos alcanza para forzarnos a cumplir nuestras tareas de vida. Para Helena ese día llegó cuando su marido y su tendencia hacia la independencia se fueron y a ella no le quedó más remedio que enfrentarse con la necesidad de volverse ella misma un ser independiente.

Afortunadamente se repuso bastante rápido del final de su matrimonio y se graduó de una universidad cercana. Eso le permitió encontrar empleo. Gradualmente Helena dejó de ser un ser fragmentado y empezó a gozar de la vida como un ser completo. No teniendo otra opción que la de individuarse de su marido, Helena cumplió ese propósito y dejó de tener deudas consigo misma. O sea que podríamos decir que el divorcio fue el karma que ella eligió para evolucionar como ser humano.

En cuanto al marido, es probable que Helena estuviera expresando para él su necesidad de dependencia. Sería interesante sería saber si él también fue capaz de enfrentar su sombra y evolucionar.

L. Frey-Rohn citado en *Anger, Madness and the Daimonic* de Stephen A. Diamond

AMA A TU PROJIMO

Siempre me sentí atraída por la espiritualidad. Donde yo crecí había una pequeña parroquia a dos cuadras de mi casa donde asistía a misa todos los domingos. El interior de la iglesia estaba revestido en madera oscura tallada y el altar se veía siempre decorado con flores blancas. A pesar de que nadie en mi familia era religioso, cuando adolescente me gustaba escuchar la misa cantada por los monjes que allí residían.

A medida que fue pasando el tiempo dejé de asistir a misa y mi interés por la religión se convirtió en una búsqueda espiritual. Una de las conclusiones a las que llegué en esa jornada fue que básicamente todos los caminos conducen a Roma. Si tuviera que resumir en una frase el mensaje principal de los libros que leí sobre ese tema podría decir que es el de amar al prójimo como a sí mismo y tratar a los demás como nos gusta que nos traten.

Este precepto apareció por primera vez en el Antiguo Testamento, en Levítico 19:18, pero también lo hallamos en los Evangelios del Nuevo Testamento. Siempre me pareció un precepto enigmático. ¿Es realmente posible amar a los otros como nos amamos a nosotros mismo? El Budismo va aún más allá al decretar que desde el momento en que estamos todos interrelacionados debemos amar a nuestro vecino como amamos a nuestro único hijo. No debemos olvidar que en una vida anterior nuestro vecino pudo haber sido nuestro hijo, nuestra madre o nuestro padre, y como resultado si lo maltratamos estaríamos maltratando a nuestra propia familia.

Creer que nuestro vecino pudo haber sido nuestra familia nos pone sin duda en camisa de once varas, especialmente en el caso en que nuestro vecino no es alguien que nos agrada. ¿Entonces qué significa realmente amar a nuestro vecino como a nosotros mismos? Siempre me costó comprender el significado de esta enseñanza espiritual. Mientras que nos resulta fácil querer a ciertas personas, otras poseen la extraña cualidad de generar en nosotros lo peor.

La pregunta es ¿cómo pueden gustarnos o más aún, cómo podemos llegar a querer aquellas personas que nos caen mal? Nuestros sentimientos son independientes de nuestra voluntad y actúan de manera similar a nuestro sistema nervioso autónomo. Amar, igual que respirar o digerir comida, es un proceso independiente de nuestro control consciente. La vida sería tanto más fácil si pudiéramos obligarnos a amar esta persona o aquella otra. En vez de esperar por el príncipe azul podríamos generar sentimientos de amor por alguien que tiene una personalidad sana así como todas las cualidades que nos gustan en un compañero/a. Desafortunadamente la vida no se desarrolla de esa manera y cuando conocemos a alguien con quien no tenemos química nos es imposible generarla.

¿Cuál es entonces el significado de este precepto mencionado tan extensamente en tantas doctrinas religiosas? Creo que la respuesta a esta pregunta radica en la exégesis del término amor. ¿Cómo era utilizada esta palabra por los líderes religiosos de la Antigüedad?

Una clave interesante se encuentra en el precepto budista de amar al prójimo como a nuestro único hijo. Si pensamos en la manera en que amamos a nuestros hijos, lo primero que nos viene a la mente es nuestro sentido de la responsabilidad por su bienestar. Los bebés humanos son los más frágiles de la naturaleza y necesitan del cuidado de sus progenitores durante muchos más años que cualquier otro ser del planeta. O sea que nuestro amor por nuestros hijos tiene mucho que ver con tratar de mantenerlos a salvo de los peligros de la vida. En este respecto recuerdo haber leído un artículo sobre técnicas parentales hace varios años en el que el autor presentaba una tesis muy interesante. Estipulaba que el objetivo de un buen padre/madre no era que los hijos lo amaran sino el de ser un progenitor responsable. A mi juicio este paradigma nos ayuda a comprender qué quiere decir amar a nuestro prójimo como se ama a un hijo único. En este contexto el amor no tiene que ver con sentimientos sino con nuestra responsabilidad hacia los demás y nuestro compromiso con su bienestar. Nuestro prójimo no nos tiene que necesariamente gustar. Nuestra responsabilidad es tratarlo con compasión. En otras palabras, creo que amar al prójimo tiene que ver con la conexión humana y la empatía. Es a través de dicha conexión que nuestros actos afectan a los demás generación tras generación. Si tratamos a nuestro prójimo con compasión, el impacto de nuestros actos será positivo. De lo contrario, las consecuencias serán negativas para los demás, para nosotros y para el universo entero.

NO EXISTEN HECHOS,

SOLO INTERPRETACIONES

F. NIETZSCHE

Podría decirse que esta frase de Nietzsche define claramente por qué las relaciones humanas son tan complejas. Sergio, uno de mis pacientes, me comentó en sesión que había decidido registrarse en uno de los sitios de citas del internet. Era un hombre divorciado de 38 años que no había logrado mantener ninguna relación estable después de su divorcio porque, según dijo, le costaba bastante conocer gente nueva interesante. El internet le pareció una buena alternativa para ampliar sus horizontes sociales. Después de elegir uno de los sitios más conocidos de la red, contestó las preguntas necesarias para conformar un perfil y lo acompañó de una foto reciente. Hecho esto se dedicó en su tiempo libre a leer los perfiles de las mujeres de su edad para ver si alguna le llamaba la atención. Tras algunos días de búsqueda se topó con una joven, Amelia, que le resultó atractiva en todo el sentido de la palabra. De acuerdo a su perfil, Amelia trabajaba en su mismo ramo, era de su misma generación e, igual que Sergio, tenía solo un hijo. Inmediatamente Sergio le mandó un correo electrónico preguntándole si estaba interesada en que se empezaran a conocer mejor. La respuesta no tardó en llegar. Amelia contestó diciendo que le gustaría mucho que empezaran a escribirse y, eventualmente, conocerse. Y así empezó una correspondencia diaria en la que ambos intercambiaron ideas, sin demasiada prisa por conocerse personalmente.

_Fue una cosa rara --me comentó Sergio en una oportunidad--. Por alguna razón, tengo la sensación de conocer a esta mujer desde siempre. Estoy muy pendiente de sus mensajes.

Al cabo de tres semanas, Sergio le sugirió a Amelia conocerse personalmente. Quedaron en encontrarse en un bar después de horas de oficina. Como aún faltaban tres días para el encuentro, Sergio y Amelia siguieron escribiéndose a diario.

Una tarde, dos días antes de la cita, Amelia le envió un correo electrónico a Sergio para decirle que no podría asistir a la cita porque su hijo se había caído jugando pelota y no podía dejarlo solo. El mensaje terminaba diciendo que lo lamentaba mucho y que seguirían en contacto. A pesar de sentirse muy desilusionado, Sergio le contestó que comprendía perfectamente la situación y que no se preocupara. Luego vino a sesión. Esta vez noté a mi paciente más apesadumbrado que de costumbre. Si bien había venido a verme la primera vez precisamente por sentirse deprimido y sin capacidad de goce, en las últimas tres semanas el estado de ánimo le había mejorado mucho gracias a la ilusión que se había hecho de conocer a Amelia. Pero ahora, después de que la cita se hubo hecho humo, la tristeza había vuelto a invadir su vida.

_Creo que ésta es una buena oportunidad para estudiar cómo reaccionas ante los contratiempos de la vida, le dije rompiendo el silencio de la oficina.

_Me había hecho muchas ilusiones porque, de acuerdo a los mensajes que me envió, me gustó mucho la personalidad de Amelia, fue la respuesta de mi paciente.

_Entiendo perfectamente. Pero la vida está hecha de contratiempos, y si en cada uno de ellos sólo ves un futuro sombrío, la vida se vuelve un peso enorme, le contesté.

_ ¿Pero cómo voy a sentirme optimista si ni siquiera me dijo que nos reuniéramos más adelante? --me dijo Sergio en un suspiro--. Es obvio que estuvo jugando conmigo y que no tiene el menor interés, agregó con enojo.

- ¿Y cómo sabes que no tiene interés en seguir la relación en el futuro? ¿Te lo dijo? le pregunté.

_No. Pero tampoco me dijo que nos encontraríamos cuando su hijo sanase.

_ ¿Qué sabes tú de cómo ella se siente en este momento? Con la preocupación de que su hijo se reponga, es probable que ni siquiera se acuerde de la cita. Estás basando tu pensamiento negativo en tu interpretación de los hechos, no en hechos reales. ¿Te das cuenta de ello?

_Sí. ¿Pero cuál es la alternativa? ¿Qué otra cosa puedo hacer?

_Por lo pronto preguntarle si la cita contigo sigue en pie. Si no haces esa pregunta, todo lo que pienses de esta situación son meras conjeturas.

_Ella puede contestarme que nos veremos en el futuro y estar mintiéndome. Entonces tampoco sabré cuáles son los hechos.

_Lo más probable es que si te miente te des cuenta.

_ ¿Cómo?

_Las mentiras tienen una entonación especial. Sólo creemos aquellas mentiras que queremos creer.

Sergio me miró sin estar demasiado convencido.

_Estás interpretando los hechos a partir de tu pasado y de tu experiencia de vida --seguí diciendo--. Si logras deshacerte del pasado y te enfocas sólo en el presente, tu relación con los demás será más auténtica.

Tres años después Sergio vino a verme para contarme que finalmente había conocido a Amelia y que al cabo de un tiempo se había casado con ella. Sin embargo desde el día en que la conoció, Sergio tuvo la impresión de que ella era demasiado linda e inteligente como para enamorarse de él. Esa duda lo acompañó durante todos sus años de matrimonio, provocando innumerables e innecesarios conflictos basados en una falsa interpretación de la realidad. Y tanto fue el cántaro a la fuente que al final se rompió. Las falsas interpretaciones de Sergio de su relación con Amelia no tenían asidero alguno en la realidad. Pero inconscientemente Sergio hizo lo imposible para demostrarse a sí mismo que su interpretación de los hechos era correcta. Finalmente el matrimonio se deshizo y recién entonces Sergio comprendió su error.

¿TERAPIA FAMILIAR O KARMA?

Como ya he mencionado un par de veces, soy una terapeuta de familia. Para aquellos de ustedes que no conocen la terapia familiar, uno de los dogmas de esta orientación psicológica es que cuando buscamos un compañero en la vida nos sentimos atraídos por personas que tienen un comportamiento que nos resulta familiar. Es por esto que muy a menudo los hijos de alcohólicos se casan con alcohólicos. Los seres humanos en general no nos sentimos cómodos con situaciones nuevas; la mayoría de nosotros prefiere senderos conocidos y maneras de relacionarse con los demás que nos resulten familiares. Esto es a lo que se refería A. Napier cuando decía que por casarnos con lo familiar a veces nos casamos con nuestra peor pesadilla.* La atracción que sentimos por lo que nos resulta conocido es tan fuerte, dicen los terapeutas de familia, que aún si aquel o aquella que nos atrae es nuestra peor opción nos enamoramos perdidamente. Sólo cuando cunde la catástrofe algunos de nosotros nos abrimos camino hacia la oficina de un terapeuta para empezar el arduo camino hacia la individuación y la transformación en quien realmente somos. De acuerdo a la teoría, ésta es la única manera de encontrar un compañero más apropiado la próxima vez. Hasta aquí la explicación psicológica. Sin embargo, si dejamos atrás la realidad fenomenológica que nos rodea y nos trasladamos al mundo de la metafísica, nuestras vidas pueden explicarse desde otro punto de vista. Me refiero específicamente al concepto de Karma o Dao, que es el camino que debemos recorrer para la autorrealización. En uno de mis blogs hice hincapié en el hecho de que venimos a este mundo a aprender, aunque sólo cada uno de nosotros sabe de qué lección se trata. El caso de Georgina, una de mis pacientes, es un ejemplo perfecto de lo que quiero decir.

Hace más de treinta años estaba Georgina trabajando de traductora para una editorial conocida de un país sudamericano. Un día, después del horario de trabajo, estando ella en la puerta del edificio esperando por una amiga para ir a cenar ve un automóvil rojo pequeño detenerse frente al edificio. De él bajó un hombre muy atractivo. Al cruzar el umbral la miró fijamente y ella le devolvió la mirada. Eso fue todo lo que necesitó mi paciente para enamorarse perdidamente de él. La atracción fue mutua así que muy pronto empezaron a pasar todo su tiempo libre juntos. Al cabo de un año, el novio de Georgina decidió que quería ir a los Estados Unidos a estudiar en una Universidad de renombre. Así que después de que lo aceptaran como estudiante, ambos decidieron que él se iría antes y que Georgina se uniría a él más tarde. Estuvieron separados ocho meses pero manteniendo un estrecho contacto por carta (estoy hablando de los años ochenta así que no disponían de correos electrónicos). A pesar de la lejanía ése fue un período muy hermoso para ambos porque las cartas emanan un romanticismo del que los correos carecen. Mientras su novio estuvo afuera le ofrecieron a Georgina una posición mejor en la empresa y empezó a trabajar en una publicación diferente. En su primer día allí conoció un colega con el que estableció una lindísima amistad. En esa época este colega estaba en una situación muy parecida a la suya: de novio y con el proyecto de irse a estudiar a otro país. Este hombre tenía todas las cualidades que le gustaban a Georgina en un hombre: era inteligente, sensible, buen mozo, y más importante aún, reflexivo. Más de una vez Georgina se preguntó por qué no se sentía atraída por él que era mucho más parecido a ella que su novio. No sólo habían nacido en un medio ambiente similar, sino que además eran de la misma religión. No que ella fuera una persona religiosa, pero la religión tiene que ver con la cultura y la cultura es un factor importante en el matrimonio. A pesar de que nunca salieron juntos, en una ocasión el colega la invitó a un concierto en un parque y se enojó cuando ella no fue. El hecho de que se enojara sorprendió a Georgina, pero en ese tiempo estaba tan enamorada de su novio que no le prestó demasiada atención al hecho. Transcurrió el tiempo y cada uno de ellos se fue por su camino. Al cabo de algunos años de estar casada y viviendo en los Estados Unidos, este hombre la llamó por teléfono para decirle que se encontraba en USA y que le gustaría verla a ella y a su marido. Su llamado la llenó de felicidad así que lo invitó a cenar a su casa. La cena fue muy divertida y los tres pasaron un rato agradable juntos.

El colega siguió llamando a Georgina cada vez que venía a los Estados Unidos, incluso cuando ella y su marido se mudaron a otra ciudad. Fue en uno de esos encuentros que él le confió que le había puesto su nombre a su hija. En ese tiempo ella ya había estado casada varios años y el matrimonio no había resultado lo que ella había imaginado. Las diferencias culturales y religiosas volvieron muy difícil la convivencia. El aroma familiar que había percibido en su marido la primera vez fue que, desde muchos puntos de vista, se parecía a su madre, especialmente en su actitud egotista. Entre Georgina y su marido no existían las negociaciones ni las concesiones. La opinión de él era la única válida. Igual que con su madre, Georgina se sentía siempre disminuida. Pero como venía de una familia muy conservadora, no quería darse por vencida y divorciarse.

Y así fueron pasando los años. Fue el marido el que le anunció un día que su amigo había fallecido en un accidente. Georgina aún recuerda la angustia y la sensación de que algo valioso se había perdido para siempre. Se acordó entonces cuando en una oportunidad, hacía muchos años, hablando de un conocido que había envejecido prematuramente, su amigo había dicho: *"A nosotros no nos ocurrirá lo mismo"*.

_ ¿Fue acaso fue una premonición? --se preguntó Georgina en el curso de una sesión. -- ¿Qué quiso decir? ¿Habrá pensado antes de morir que tendríamos que haber estado juntos en vez de casarnos con personas que no eran para nosotros? Estas son preguntas que no tienen respuesta. Lo que sé es que tal fue nuestro karma en esta vida y que no cabían opciones. Después de larga reflexión comprendí que la fuerte atracción que sentí por el que fue mi marido tuvo más que ver con las lecciones que vine a aprender en esta vida que con los paradigmas de la terapia familiar. El parecido a mi madre sólo fue el anzuelo. Probablemente yo no estaba aún lista para una relación más funcional que ésa. Hoy me quedan mis recuerdos y las lecciones aprendidas. También tengo una foto de mi amigo sacada en mi casa, que puse en un marco y que coloqué cerca de mis otros queridos amigos. Y además están los sueños. ¿Será porque a la noche antes de dormir me pregunto dónde estará ahora que a menudo aparece en mis sueños? No lo sé. Lo único que sé es que la próxima vez que me invite a un concierto no dejaré de ir.

EL SECRETO DE LA VIDA ES AHORA

Desde hace aproximadamente tres años empecé escribir un blog con el propósito de ayudar a otros a comprender y superar los miles de desafíos que nos presenta la vida a diario. En la mayoría de las notas recurrí a ejemplos traídos a mi oficina por pacientes reales pero con nombre ficticio para proteger su identidad. Hoy, en cambio, decidí cambiar el formato y por una vez hablar de mi experiencia de vida esperando que mis colegas psicoanalistas no lo vivan como un insulto a la profesión. En mi defensa quiero mencionar que existen varios estudios en los cuales se demuestra la eficacia de revelaciones por parte del terapeuta, siempre y cuando dichas revelaciones tengan que ver con el tema que afecta al paciente y ocurran en el momento apropiado.

La experiencia que quiero compartir con ustedes tiene que ver con el verdadero Secreto de la Vida; en otras palabras, la fórmula que nos permite vivir en paz y sin esa sensación de estar al borde de un abismo insondable. Los abismos insondables surgen cuando la vida nos enfrenta con el cambio. Siendo el ser humano un animal de costumbre, el cambio, ya sea de trabajo, de país, o de estado civil genera ansiedad y en algunos casos hasta episodios de pánico. Cuando de pronto lo familiar se derrumba y desaparece, nos encontramos frente a un terreno sin mapa ni puntos de referencia. La tarea que nos espera es ardua: la de seguir andando. Y si bien todos poseemos la energía interior para hacerlo, del dicho al hecho hay un largo trecho. Cómo recorreremos ese camino es lo que nos llevará, o no, a descubrir el Secreto de la Vida.

En mi caso particular después de 30 años de matrimonio la pareja se deshizo. Quizás la razón más valedera haya sido que cuando los hijos se van de casa y la pareja deja de ser un triángulo para volver a ser un dúo, a menudo la intimidad, la complicidad y la comunicación de los primeros tiempos se esfuman y volver a recuperarlos es una tarea sisífica. Traté de recomponer la pareja pero fracasé. Los años que siguieron a ese fracaso no fueron los más duros de mi vida, pero fueron lo suficientemente difíciles como para hacerme entender que tenía que ponerme manos a la obra para salir adelante. Si no quería quedarme estancada para siempre en el pasado, no me quedaba otra opción. En realidad no sabía muy bien hacia donde enfilar; lo que sí sabía era que no lo lograría meditando para vaciar la mente. Al contrario, tenía que pensar y pensar mucho para llegar a comprender el significado de lo que me había ocurrido. Fueron años de profunda introversión, con una pregunta tras otra, con muy pocas respuestas convincentes, con charlas interminables con mis amigos, casi todos ellos psicólogos, y años de releer libros con el afán de por fin dar con la fórmula mágica que me devolviera la alegría.

Fueron pasando dos, tres, cinco años sin ningún resultado convincente hasta que un día me ocurrió algo verdaderamente maravilloso. Si tendría que compararlo con algo creo que sería con las experiencias de muerte cercana de algunos enfermos que luego son resucitados y relatan cómo mientras estaban muertos experimentaron una sensación de infinito bienestar.

Esa noche yo me había reunido con una amiga para cenar. Empezamos a conversar sobre lo difícil que es la mediana edad para la mujer ya que, a diferencia de los hombres, tenemos mucha más dificultad en encontrar un compañero apropiado. Dado el acento que la sociedad occidental pone sobre la belleza, una vez pasada la juventud muchas de nosotras nos sentimos dejadas de lado (algunas mujeres hasta dicen que se sienten transparentes). Estando las dos hablando del tema, mi amiga trae a colación un hecho de mi matrimonio y me pregunta si no siento remordimientos. Le contesto que no porque si actué de una determinada manera fue porque mi situación de vida de ese momento me llevó indudablemente hacia eso. Le recuerdo al respecto aquella famosa frase de Ortega y Gasset: *"Yo soy yo y mi circunstancia."* Pero no sólo eso. También le recuerdo a mi interlocutora que atormentarse por el pasado realmente no sirve propósito alguno ya que el pasado ni existe ni se puede modificar. Al rato me despido de mi amiga aunque no recuerdo haberme sentido irritada por sus comentarios. Sencillamente no les presté más atención. Es decir, no les prestó más atención mi conciencia. No así mi inconsciente.

Esa noche sueño que al querer entrar en mi casa no encuentro la llave de la puerta. El sueño no es angustiante; al contrario. Lo que pensé fue: "Qué raro, yo nunca pierdo nada. Debo estar cambiando".

Pero lo más sorprendente fue el despertar. A la mañana siguiente sentí por primera vez en muchos años una gran alegría así como una sensación de alivio de no estar más en esa circunstancia tan difícil que había sido la última etapa de mi matrimonio. Finalmente sentí que había dejado de añorar el pasado y había derribado las puertas de la cárcel que había erigido en mi mente. Estaba empezando a cambiar y a aceptar mi realidad presente que es la única que tengo y que, además, si la miro al detalle, está repleta de bendiciones. A partir de ese milagroso día recuperé la capacidad de gozar de las pequeñas cosas de la vida: una comida compartida, las charlas en la playa, la vista al mar, un trabajo bien hecho, mi buena salud y, por sobre todo, tener a mi familia al alcance de la mano. Por fin comprendí lo que quiere decir Eckhart Tolle cuando habla del presente en *El Poder del Ahora*. Por fin entiendo que cuando nos encerramos en el pasado, somos incapaces

de apreciar lo que tenemos ahora. Sí,
adivinaron. El Secreto de la Vida es eso: perder
las llaves del pasado.